트라우마의 이해와 치유

대장간

트라우마의 이해와 치유

캐롤린 요더 지음
김복기 옮김

정의와 평화 실천 시리즈
트라우마의 이해와 치유

지은이	캐롤린 요더
옮긴이	김복기
초판1쇄	2018년 5월 2일

펴낸이	배용하
책임편집	배용하
등록	제364-2008-000013호
펴낸곳	도서출판 대장간
	www.daejanggan.org
등록한곳	충남 논산시 매죽헌로 1176번길 8-54, 101호
대표전화	전화 041-742-1424 전송 0303-0959-1424

분류	갈등전환	치유	트라우마
ISBN	978-89-7071-450-9 13370
CIP제어번호	CIP2018012034

값 9,000원

차례

추천의 글

지금까지 트라우마의 치유는 전문상담가나 정신과 전문의가 개인을 대상으로 하는 치료영역이었다. 트라우마 사건은 개인적 고통으로 치부되었고, 치료는 개인의 적응과 생존을 위한 것이었으며, 트라우마의 피해자는 사회로부터 타자화된 치료대상으로 인식되었다. 그 결과 국가와 사회 속에서 수많은 트라우마를 경험하지만 사회는 무관심으로 대응했고, 개인은 그 고통을 혼자서 온전히 안고서 살아야 했다. 지금도 우리 사회에는 고문과 같은 국가폭력의 피해자와 해고 노동자, 범죄 피해자와 가족, 그리고 빈곤과 차별로 고통 받고 있는 수많은 사람이 그렇게 홀로 트라우마를 안고 살아가고 있다.

하지만, 저자는 트라우마를 개인적인 사건이나 문제로 한정하지 않고 공동체적인 관점에서 온전한 치유가 무엇인가를 탐색한다. 트라우마를 만들어내는 폭력이 개인과 공동체에 가지고 오는 심리적인 영향뿐 아니라 사회적, 문화적 영향을 깊이 고찰하고 변환transformation의 기회로서 개인과 공동체가 이에 응답해야 한다고 주장한다. 그리고 트라우마의 치유를 위한 구체적 실천으로 갈등의 변환conflict transformation, 회복적 정의restorative justice를 바탕으로 용서와 화해의 과정, 응보가 아닌 피해자와 공동체의 회복을 위한 정의의 구현 그리고 이를 통해 갈등의 원인과 구조의 근본적인 변환을 강조하고 있다.

따라서 저자에게 트라우마 치유는 폭력의 악순환에서 벗어나 나와 공동체가 평화를 선택할 때 가능한 것이며 이러한 변화는 혼자가 아니라 너와 나, 우리 모두가 함께할 때 가능하다고 말한다. 이를 통해 트라우마 치유는 개인의 힘이 아니라 공동체의 임파워링을 통해 피해자가 생존자가 되고, 나아가 고통과 아픔을 자신의 새로운 정체성으로 받아들여 상처받은 치유자가 되는 과정인 것이다. 깊은 외상이 우리 몸에 흔적을 남기고 그것을 지울 수 없는 것처럼, 트라우마 역시 그러하다. 마치 그 일이 일어나지 않는 이전의 삶으로 돌아가는 것이 아니라 자신 삶에 의미있는 새로운 정체성으로 변환되고 확장되어 갈 때 치유는 일어난다는 것이다.

한국 사회는 역사적으로나 정치·사회적으로 다양한 집단적 그리고 개인적 트라우마가 중첩되어 있는 사회다. 하지만, 이를 감추고 외면하거나 때로는 침묵을 강요당한 채 살아오면서 우리 사회가 안고 있는 고통의 상처를 우리는 덧내고 키워왔다. 하지만, 이를 극복하려면, 우리가 만들어낸 동시에 겪고 있는 사회의 트라우마를 외면하지말고 직면해야 한다. 이에 『트라우마의 이해와 치유』는 평화의 현장에서 사회적 폭력에 고통을 겪고 있는 이들, 그리고 이들의 곁에서 함께하는 수많은 활동가, 교사, 시민에게 폭력을 넘어 평화를 이루어가는 데 훌륭한 지침서가 될 것이다.

서 정 기
교육 활동가, 회복적 정의 연구소 소장

저자 서문

사랑하는 한국의 독자들께 인사드립니다.

무엇보다 『트라우마의 이해와 치유』의 한국어판 서문을 쓸 수 있게 되어 영광입니다. 여러 지역에서 개인, 가족을 만나면서 일하는 사람으로서 저 자신에게 던지는 두 가지 질문을 독자들과 함께 나누고 싶습니다.

과연 "이 세상에 트라우마를 경험하지 않고 인생을 사는 사람이 있을까?" 하는 것이 그 첫 번째 질문입니다.

아주 많은 사람이 고통스런 상처를 안고 살아갑니다. 어떤 상처는 최근의 일로 그리 오래 되지 않지만, 어떤 상처는 수십 년이 지난 아주 오래된 상처입니다. 이러한 상처들 중에는 의료진으로 일하다가, 혹은 다른 사람들을 도와주다가 받은 상처도 있습니다.

두 번째는 "무엇으로 이러한 상처를 치유할 수 있는가?"하는 질문입니다.

여러 가지 방법으로 치유가 가능하겠지만, 제가 관찰한 바로는 트라우마에 대해 제대로 아는 것이 가장 중요한 치유방법 중 하나였습니다. 이 말은 트라우마가 사람들에게 어떠한 영향을 끼치는지 알아야 하며, 트라우마에 어떻게 반응해야 하는가를 올바로 이해해야 한다는 것을 의미합니다.

인간은 처음부터 서로 도우며 살아왔습니다. 서로 돕고 서로 치유하면서 배웁니다. 정신적 · 사회적 트라우마를 연구한 적이 없는데도 서로 돕고 치유할 수 있다는 것은 놀라운 사실입니다.

이러한 사실이 이 책을 쓴 동기입니다. 이 책은 트라우마를 경험한 여러분과 여러분의 가족을 위한 책입니다. 동시에 다른 사람들의 아픔을 위해 일하는 공동체 리더, 교사, 비영리단체 직원, 성직자, 시의원, 시장, 회사원들을 위한 책입니다. 더 나아가 지자체 및 중앙 정부 지도자들을 위한 책이기도 합니다.

트라우마에 대한 지식은 여러분에게 다음과 같은 도움을 줄 것입니다.

▶ 일반적으로 나타나는 신체적 · 감정적 · 정신적 트라우마의 반응에 어떤 것들이 있는지 이해를 제공함으로써 결코

혼자 걱정하고 씨름하지 않도록 도와줍니다.

▶ 피해자인 당사자와 사회가 건강한 방식으로 트라우마를 대하고 있는지 인식하도록 도와줍니다.

▶ 트라우마로부터 더 빨리 회복하고 건강한 치유가 이루어지도록 돕는 방식들이 무엇인지 알도록 도와줍니다.

트라우마를 겪은 사람은 결코 겪기 전과 같은 삶을 살 수 없습니다. 트라우마는 그 사건을 겪은 사람을 고통의 사람으로 만들거나, 동정적인 사람으로 만들거나, 아픔을 잘 극복하는 사람으로 만듭니다. 독자들이 건강한 변화를 선택하는데 도움을 주는 책이 되기를 희망합니다.

2014년 5월

버지니아 해리슨버그에서 캐롤린 요더

역자 서문

2005년 『트라우마의 이해와 치유』 *Trauma Healing*가 출간되자마자 책을 읽고 번역에 들어갔다. 부피에 걸맞지 않게 상당히 많은 내용을 구체적으로 제시한 이전의 소책자 시리즈 『회복적 학생생활지도』, 『서클프로세스』, 『갈등전환』처럼 이 책 또한 새로운 관점을 제시하고 있다.

번역 후, 출판사의 사정으로 인해 출간 시일이 늦어져 이제야 빛을 보게 되니 감회가 새롭다. 우여곡절 끝에 얼굴을 드러낸 이 책은 지금 이 시대에 절실히 필요한 책이다. 현재 시중에는 지난 10년간 출간된 트라우마에 관한 책이 적지 않다. 그러나 일반인들이 읽기에는 쉽지 않을 뿐만 아니라, 읽는 사람에게 또 다른 스트레스를 줄 정도로 책의 부피 또한 만만치 않다. 반면 이 책은 보기에 부담스럽지 않을 뿐 아니라, 가독성이 뛰어나다. 그러나 책이 얇다고 내용의 전문성마저 얕보아서는 안 된다. 이 책은 간결하지만 전문가로서의 차별성이 있음은 물론, 트라우마에 필요한 뇌의 작용 및 트라우마 치유 사이클이 도표로 제시되어 있어 일반인들도 쉽게 이해할 수 있다.

특별히 이 책은 전 세계를 뒤흔들고 세계경제의 지각변동을 초래한 9·11 사건, 즉 세계무역센터 테러에 대한 정부기관의 요청에 의해 준비된 프로그램이란 점에 있어 남다르다. 국가적 차원, 국제적 차원의 트라우마를 제대로 다룰 수 없었던 상황에서, 평화교회의 산실인 동부메노나이트 대학교Eastern Mennonite University의 정의와 평화건설 센터the Center for Justice and Peacebuilding에 도움을 요청하여 준비된 트라우마 치유과정이기 때문이다. 따라서 적용범위와 규모에 있어 개인은 물론 공동체, 사회, 국가라는 총체적 차원을 함께 생각할 수 있는 전문성과 특수성이 겸비되어 있다.

이미 알고 있듯이 트라우마는 개인에서부터 사회, 국가적 차원에 이르기까지 다양한 민낯을 갖고 있다. 일반적인 책은 트라우마의 이해와 현상에 대해 탁월한 이론적 설명을 제시하는 반면, 무엇을 어떻게 해야 하는가? 라는 실천적 질문에 제대로 답변하지 못하고 있다. 답변을 하더라도 전문가의 손에 많은 것을 맡겨놓고 있다. 반면 이 책은 모호한 답변보다는 누구든지 이해하고 실천할 수 있는 모델과 과정을 분명히 제시하고 있기에 독자들에게 성큼 다가갈 수 있을 것이다.

역사상 가장 치열했고, 대규모 전쟁이 가장 많았던 20세기. 그리고 여전히 안전의 문제가 가장 첨예한 이슈로 자리하게 된 21세기를 살아가는 우리들 중에 트라우마에서 자유로운 사람은 한 사람도 없다. 트라우마는 단지 개인적인 피해, 공격, 불행의 차원에 머무는 것이 아니라, 사회, 국가 등의 집단 트라우마도 얼마든지 일어나기 때문이다.

특별히 우리 대한민국은 지난 세기동안 너무나 많은 변화를 겪어왔다. 한강의 기적이라는 괄목할만한 경제적인 성장을 이루어 냈지만, 그 이전에 경험했던 식민 통치, 무정부 상황 아래의 사회적 무질서, 4 · 3제주 사건, 여수 순천 사건, 3년간의 한국전쟁, 4 · 19 및 5 · 18민주화운동 등 작고 큰 국내의 정치적 사건들을 치르며 온갖 종류의 트라우마를 겪어야 했다. 또한 국제관계에 있어서도 베트남전쟁과 관련된 여러 가족의 아픔, 끊임없는 남북 간의 긴장과 소규모 충돌 및 전투, 그리고 군사문화에 의해 사회의 어두운 면으로 자리하게 된 여러 종류의 트라우마를 겪어야 했다.

거시적인 차원뿐만 아니라, 지난 10년간 매년 만에서 만 오천 건의 자살이 끊이지 않고 있다. 이는 OECD 국가에서 가장 높은 자살률로, 사회적 안전욕구가 제대로 충족되지 않고 있다는 반증이기도 하다. 그래서인지 여기저기 치유센터에는 온갖 종류의 아픔과 고통을 겪은 사람들이 끊이질 않고 있다.

근래에 들어서는 평안한 안식처가 되어야 할 가정의 기능 변화로 인해 가정폭력 및 학대로 인한 트라우마가 늘고 있다. 더 나아가 안전이 보장되어야 할 자녀들의 학교 내에도 학생간의 갈등을 넘어서 교사와 학생들 간의 갈등 상황이 증폭되고 있다. 최근에 겪은 세월호 사건과 같이 선량하고 무고한 어린 생명들이 안전을 보장받고 있지 못하고 있다. 이런 때에 누구나 쉽게 읽고, 배우며, 적용할 수 있는 책이 우리 손에 쥐어진다는 것은 그 자체만으로 기쁜 일이 아닐 수 없다.

이 책은 단순히 사회의 어떤 현상이나 실태를 비판하는 책이 아니다. 또한 임시방편의 치유나, 일시적인 변화를 시도하려는 책도 아니다. 당장의 필요에 부응하면서도 더 본질적인 사고방식의 전환, 인식의 전환, 삶의 방식의 전환을 제시하는 책이다. 개인의 트라우마 뿐만 아니라, 일상에서 일어나는 집단 트라우마에 대한 이해를 돕고 있기 때문이다. 또한 일반적으로 경험되는 비극적인 사건에 어떻게 반응해야 하는지, 왜 한번 일어난 트라우마가 사람의 일생을 옥죄고, 구속하게 되는지, 그리고 왜 그토록 많은 사람이 지속적인 악순환의 고리를 끊지 못하는지 보여주고 있다.

더 나아가 이러한 악순환의 고리를 끊기 위해 독자들이 할 수 있는 일이 무엇인지 이해할 수 있도록 도움으로써 치유와 회복 뿐 아니라, 건강한 공동체와 공동체의 안전을 이루어나가는 여정으로 독자를 초청하고 있다.

책의 끝부분에는 새로운 발상의 전환을 위해 세계무역센터의 사건을 놓고 "만약~"이라는 일련의 질문으로 독자를 초청한다. 이 부분에서 자신의 사건을 대입하여 질문할 때, 관계와 인식의 지평이 새로워지리라 생각한다. 더 나아가 "그러면 우리는 어떻게 살 것인가?"라는 실제적인 질문으로 책을 마무리 한다. 이에 대한 대안으로 제시된 항목들은 트라우마를 경험한 사람과 트라우마의 상황에 처한 사람이라면 꼭 알아두어야 할 실천사항이기도 하다.

역자로서 책을 번역할 때마다, 책의 어떤 부분이 되었든지 이론으로가 아니라 실천적 행동으로 배운 바를 실행한다면 그 사람에게 엄청난 유익을 가져다 줄 것이라 믿는다. 부디 이 책을 읽는 사람들이 각각의 트라우마에서 벗어나, 새로운 삶을 살아갈 수 있기를 바란다. 개인만 아니라, 우리 모두가 갈망하는 가정 · 학교 · 직장 · 사회 · 국가의 안녕을 위해 함께 트라우마를 이해하고 치유의 여정을 걸을 수 있길 기대한다.

"우리가 새로운 모습으로 행동하기를 선택할 때, 우리의 뇌는 새로운 신경회로를 형성하게 된다"는 책의 내용처럼 우리가 새로운 모습으로 트라우마를 대할 때, 우리의 삶은 새로운 경로를 형성하게 될 것이다. 이 모든 여정에 독자들을 초대하는 바이다.

2014년 슬프지만 희망을 그리는
4월의 어느 날 춘천에서

감사의 말

이 책은 "전체는 부분의 총합보다 훨씬 크다"라는 사실을 실천한 수많은 사람들이 있었기에 출판될 수 있었다.

이 책은 9 · 11테러 발생 후, 교회세계봉사회Church World Service의 담당자 릭 옥스버거Rick Augsburger가 동부 메노나이트 대학교 Eastern Mennonite University 내 '정의와평화건설센터' the Center for Justice and Peacebuilding, CJP의 책임자인 재니스 제너Janice Jenner에게 요청하여 창출해 낸 스타 프로그램STAR ; Strategies for Trauma Awareness and Resilience과 그 개념을 정리한 것이다. 정의와평화건설센터의 직원들은 스타 프로그램을 고안하고, 이를 훈련 프로그램으로 적용하려고 자신들의 모든 지혜, 경험, 이론 및 교육적 전문성을 한껏 발휘하였다. 우여곡절 끝에 스타 프로그램 및 공동의 선을 창출하고자 했던 그들의 신념은 많은 사람이 극복하지 못한 개인주의의 장벽을 넘어서도록 도와주었다.

정의와평화건설센터의 직원인 제인 도체르티Jayne Docherty, 인류안전 및 평화 건설, 배리 하트Barry Hart, 트라우마 치유 및 평화 건설, 버논 얀치Vernon Jantzi, 평화건설, 론 크레이빌Ron Kraybill, 평화건설, 리사 쉬르펑

화건설 낸시 굿 사이더Nancy Good Sider, 트라우마 치유 그리고 하워드 제어Howard Zehr, 회복적 사법정의를 비롯하여 지속적인 헌신과 도움 및 후원을 아끼지 않은 이들에게 모든 공을 돌린다. 스타 프로그램의 내용을 보완해 준 일레인 주크 바즈Elaine Zook Barge, 베스나 하트Vesna Hart, 재니스 제너Janice Jenner, 에이미 포터Amy Potter, 아멜라 펄젝 생크Amela Puljek Shank 및 스타 프로그램에 참가한 수 백 명의 사람에게도 감사를 표한다.

프로그램 형성 과정 내내, 나는 트라우마 치유 및 신경학 분야에서의 경험을 발휘하며 일할 수 있었다. 관현악단을 이끄는 지휘자처럼 청중들의 반응에 부응하며, 훌륭한 음악에 경탄하며, 서로 다른 분야의 악보를 조화롭게 읽어 나가며 사람들을 도울 수 있는 특권을 누렸다.

내가 이렇게 봉사할 수 있도록 후원을 아끼지 않은 스타 프로그램의 직원인 샤론 포레트Sharon Forret, 캐시 스미스Kathy Smith 및 로버트 유찌Robert Yutzi, 이 원고를 읽고 비평을 해준 제니퍼 라르슨 사윈Jennifer Larson Sawin, 자넷 로커Jan et Loker 및 아이라 웨이스Ira

Weiss, '정의와 평화 건설'과 관련된 글에 비평과 도움을 준 하워드 제어Howard Zehr와 제인 도체르티Jayne Docherty, 그리고 자신의 개인 적인 이야기들을 선물로 들려준 램 코스마스Lam Cosmas, 마리 미 첼Marie Mitchell 및 진 핸드리Jean Handley에게 감사를 표하고 싶다.

이 책이 출간될 수 있도록 격려를 아끼지 않고 편집을 맡아 준 하워드 제어와 굿북스 출판사Good Books, 스타 프로그램을 시작하 고 적용할 수 있게 다각적으로 후원을 아끼지 않은 교회세계봉사 회Church World Service에도 감사를 표한다. 특별히 이 책을 쓰는 동안 여러 집안 일과 염소들을 돌보아 줌으로써 후원을 아끼지 않은 남 편 릭에게도 감사를 표한다.

1. 서론

어떻게 하면 공포의 위협을 효과적으로 표현할 수 있을까?
안전을 오랫동안 유지하려면 무엇을 어떻게 해야 할까?
어떻게 하면 희생과 폭력의 악순환을 끊을 수 있을까?

트라우마의 이해와 치유과정은 이 모든 질문과 어떤 관련이 있을까?

폭력을 당한 사람들의 숫자를 일일이 헤아려 볼 때, 지난 20세기야말로 인류 역사상 가장 잔인한 세기였을 것이다. 새천년 초기부터 이루 헤아릴 수 없는 갈등이 우리가 사는 지구 곳곳에서 맹위를 떨치고 있다. 큰 아픔을 안고 사는 지구상의 가족들이 답을 찾아 애쓰며 노력하고 있지만, 여전히 트라우마trauma 1), 안전, 폭력이 서로 어떻게 연결되어 있는지에 대해서는 별로 아는 바가 없다.

트라우마와 폭력은 아주 긴밀한 연관을 갖고 있다.

정치인, 협상가, 평화건설자 및 보통사람들은 '트라우마 치유'에 대해 이해할 때 뭔가 부드럽고 따뜻할 것 같다는 추상적인 느낌

---

1) 트라우마(trauma); 정신적 외상, 정신적 충격, 마음의 상처 등으로 번역되는 말로, 상처를 의미하는 그리스어 traumat를 그대로 차용한 영어 단어이다. 이 책에서는 의미상의 번역 대신 영어 발음을 우리나라 말로 표기하였다. (역자 주)

만 있을 뿐, 현실적인 정책을 입안한다든지 폭력을 줄이는 데 아무런 기여를 하지 못했다. 그러나 트라우마와 폭력은 아주 긴밀한 연관이 있다. 종종 폭력은 트라우마가 되며, 또한 제대로 치유되지 못한 트라우마는 폭력이나 더 나아가 안전의 부재로 유도되기도 한다.

> 트라우마는 사고과정이나 뇌의 총괄 능력 등 사람의 생리변화에 직접적인 영향을 미친다. 결혼의 성공 혹은 실패를 경험한 부부들에 대한 존 가트맨John Gottman의 연구 조사에 따르면 우리의 심장 박동이 평상시의 심장 박동수보다 10회 정도만 빨라져도 뇌의 이성적인 부분을 감당하는 제어기능이 느슨해진다는 점을 발견했다.[1] 그러기에 트라우마를 경험하면 생존본능을 담당하는 우리 몸은 비정상적으로 행동하고, 반응하기 시작한다.

정치적 논쟁이 격해질 때, 테러리스트들이 공격을 감행할 때, 협상가들이 분쟁 영역에 대해 논의하고 있을 때, 누가 설거지를 하며 부엌을 청소해야 하는지에 대해 의견이 일치하지 않을 때, 이러한 생리적 변화와 더불어 무슨 일이 일어날까? 생리적·감정적·정신적·영적 트라우마를 이해하는 것은 아마도 불안정한 감정, 문화적 정체성의 상실, 인종차별 혹은 극심한 민족주의 및 일반적으로 이야기하는 폭력에 이르기까지 폭넓게 나타나는 이러한 현상을 설명하는 데 도움을 줄 것이다.

변화와 갈등전환에 대한 요청으로서의 트라우마

그러나 트라우마에는 또 다른 측면이 존재한다. 실제로 이 책이 표방하는 기본전제와 목표는 충격적인 사건들을 통해 지구촌의 모든 가족을 일깨우기 위함이다. 물론 이러한 의식을 불러일으키는 과정은 저절로 이루어지지 않는다. 이러한 과정은 우리 자신의 역사뿐만 아니라 우리가 원수라고 생각하는 사람들의 역사까지 인정할 수 있을 때 비로소 완성된다. 더 나아가 우리는 인류 역사의 근본적인 원인들을 연구하고, 우리의 관심사를 개인과 민족의 안전에서 인류의 안전으로 옮길 수 있어야 한다. 이러한 깨달음은 인류에게 주어진 숭고한 이상이 무엇인지 새롭게 인식하고, 믿음과 소망과 인간의 정신세계를 소중하게 여길 줄 아는 깊은 영적 수고를 필요로 한다.

이 책에 대하여

2001년 9월 11일에 일어난 테러로 인해 세계무역센터가 폭파된 후, 이러한 충격적인 상황들을 다루기 위해 교회세계봉사회Church World Service, 동부 메노나이트 대학교의 정의와 평화 건설 센터CJP를 비롯한 약 38개의 서로 다른 종교 단체들이 함께 모였다. 종교 및 시민 단체의 리더들을 더 잘 준비시키기 위한 목적이었다. 수많은 결과 중 하나가 이 책에 소개된 스타STAR; Strategies for Trauma Awareness and Resilience 프로그램이다. 이 스타 프로그램은 미국 및 세계 전역의 갈등 분야에서 활동하고 있는 실제적인 경험과 학문적인 소양을 갖춘 리더들을 한 군데로 불러 모아 세미나를 개최하였다.

스타 프로그램은 신경생물학, 트라우마학traumatology, 사람들의 안전, 회복적 정의restorative justice, 갈등 전환conflict transformation, 평화 건설peacebuilding 및 믿음과 영성 등 이제까지 따로 실행해 온 연구 및 실천 분야들 간에 존재하는 개념들을 통합시켰다. 이러한 것들을 하나로 통합하여 '트라우마 치유 여정'이라는 모델, 즉 피해와 폭력의 순환 끊기Breaking the Cycles of Victimhood and Violence라는 모델을 제시하였다.

우리는 1990년대 말 유고슬라비아에서 워크숍을 인도했던 데이비드 스틸David Steele, 올가 보차로바Olga Botcharova, 배리 하트Barry Hart 및 여러 사람들과 함께 워싱턴 D.C.에서 전략적 국제연구센터the Center for Strategic International Studies를 운영하며 성취한 모델을 채택했다. 우리는 이 새로운 분야를 개척한 이들의 업적에 큰 빚을 지었다.[2]

이러한 접근은 개인적인 트라우마에 초점을 맞췄던 전통적인

**변화는 나와 함께,
당신과 함께, 그리고
우리 모두가 함께할 때
시작된다.**

정신건강 의학 모델을 넘어선 것이다. 비록 개인적인 트라우마에 많은 개념을 쉽게 적용하고 채택할 수 있겠지만, 이 책은 개인적인 트라우마에 초점을 맞추는 대신 희생 및 폭력의 사이클을 벗어나지 못하고 있는 공동체와 사회에 주된 강조점을 두었다. 실제로 스타 프로그램은 사회 및 구조적 반응이 갈등과 폭력의 원인과 결과와 어떠한 연관이 있는지 살펴보는 가운데 트라우마를 올바로 이해하고 치유할 수 있도록 구성되어 있다. 이것은 공포를 수반하는 트라우마를 어떻게 생각하는가 그리고 이러한 충격적인 사건들에 대해 어떻게 반응하는가를 탐구하게 한다. 그렇게 함으로써 공동체들이 폭력으로 앙갚음을 하는 사이클을 벗어나도록 도와주며, 피해자가 자신을 끊임없이 객관적으로 바라볼 수 있도록 도와준다.

비록 이 책에서는 스타프로그램을 '트라우마'라는 충격적인 과정에 포괄적으로 적용하고 있지만, 애초의 스타 프로그램은 테러리즘, 즉 공포를 일으킨 하나의 사건에 대한 대응책으로 출발하였다. 후에 이 모델은 2004년의 쓰나미와 2005년 미국의 허리케인 카트리나Hurricane Katrina와 같은 자연 재해에도 적용할 수 있도록 채택되었다.

'테러리즘' 폭력주의이라는 용어는 아주 폭넓은 의미로 사용하기도 하지만, 커닝햄Cunningham에 따르면,[3] 테러리즘은 다음과 같은 네 가지 중요한 요소들로 구성된다.

1. 테러리즘은 폭력 혹은 무력을 사용하거나 위협하는 행동과 관련된다.
2. 테러리즘은 근본적으로 정치적인 행동이다.
3. 테러리즘은 공포와 두려움을 유발시킨다.
4. 테러리즘의 목표는 심리적인 영향력과 반응을 이끌어내는 것이다.

테러리스트의 행동은 피해자들과 그들이 사는 지역사회에, 그리고 피해자에게 동정심을 표현하는 사람들에게 엄청난 충격과 감정을 유발시키기 때문에 테러리즘폭력주의에 대해 자세하게 이야기할 때 객관성을 유지하기 어렵다.

이 책은 답을 열거하기 위함이 아니라, 우리의 경험에서 얻은 정보, 생각, 이론 및 질문들을 정리함으로써 독자들에게 도움을 주기 위함이다. 격동의 시대를 살고 있는 우리에게 폭력과 트라우마를 어떻게 다루며, 인류의 안전을 위해 할 수 있는 일은 무엇일까라는 질문은 쉽게 대답할 수 없는 큰 질문이다. 때때로 엄청난 문제들이 산재해 있는 가운데 안전에 대해 연설을 하는 것 자체가 너무 순진한 모습처럼 보일 수도 있다. 그러나 변화는 함께 탐구하고, 함께 관찰하고, 서로의 목소리를 듣고, 함께 생각하고, 간절히 바라고, 실험하고, 배울 때, 나와 함께, 당신과 함께, 그리고 우리 모두와 함께 시작된다.

2. 트라우마에 대한 정의:
원인과 유형

북부 우간다Northern Uganda에서 어린 시절을 보낸 램 코스마스 Lam Cosmas의 평온한 삶은 1986년 비무장 시민들을 공격한 반역 군인들에 의해 산산이 부서졌다. 그 이후 몇 년 동안 점령군은 마을들을 약탈하고, 가축들을 도살하고, 농작물을 불태우고, 남녀 구분하지 않고 수많은 사람들을 살해했다. 한 밤중의 습격은 일곱 살밖에 되지 않은 아주 어린아이들까지 군인이 되도록 내몰았고, 소녀들을 반란군의 '아내'가 되도록 만들었다. 공포로 말미암아 내면의 방향을 상실한 사람들은 생존을 위한 기본 설비도 없는 도시 중심의 밀집된 수용소로 이주하였다.

***

2001년 9월 11일, 마리 미첼Marie Mitchell은 이웃집 사람으로부터 텔레비전을 틀어보라는 전화를 받았다. 캘리포니아 사무실에서 일을 하고 있던 그녀가 텔레비전을 틀었을 때, 세계무역센터의 쌍둥이 빌딩은 화염에 싸여 있었고 막 무너져 내리기 시작했다. 건물이 무너짐과 동시에 마리도 자신의 의자에서 바닥으로 털썩 주저앉고 말았다. 46세인 마리의 오빠는 맨해튼 남부 지역을 담당하는 소방관이었다. 그녀는 오빠 폴Paul이 거기에 있을 거라는 사실을 알고 있었다.

***

지나Jinnah는 방글라데시에 있는 도시 다카의 복잡한 거리를 활보하는 인력거 운전사이다. 그는 가족을 부양하기 위해 매일 오랜 시간 일을 한다. 날씨가 무더운 건기든, 질척한 거리에 비를 뿌리는 후덥지근한 우기든 그는 손님들을 실어 나르며 열심히 발품을 판다. 그는 기분이 좋을 때나 아파서 열이 날 때나, 배가 부를 때나 먹을 것이 없어 배가 고플 때나 항상 일을 해야 했다. 여섯 명의 자녀 중 두 명이 설사병에 걸려 죽었다. 살아 있는 네 명의 아이들을 학교에 보낼 희망을 포기한 지도 벌써 오래다. 자녀들을 위해 교복과 교과서를 살 돈이 없기 때문이다. 지나는 내일을 생각하지 않은 지 벌써 오래다.

* * *

A.L.M 타씸Thaseem은 2004년 동남아시아에서 발생한 쓰나미로 인해 아내와 두 명의 자녀를 잃었다. 그때 사업은 파산되었고, 그나마 있던 집도 큰 피해를 입었다. 스리랑카 정부가 새로 입안한 법들은 바다 근처에 사는 사람들을 더욱 실망시켰을 뿐 아니라, 그의 사업장이었던 객실을 재건할 수 없게 만들었으며 자신의 집조차 수리할 수 없게 만들었다. 이 새로운 법은 그를 지옥과 같은 상태로 머물러 있도록 방치했다.[4]

위에 기록한 네 개의 이야기들은 서로 다른 사건이다.[5] 그러나 모든 사건의 공통점은 그 사건이 발생한 마을과 개인에게 트라우마를 남겼다는 점이다.

무심코 나누는 대화에서 사용되는 트라우마라는 단어는 스트레스를 받았던 작은 일에서부터 잔인한 살인이 일어나는 엄청난 일들을 설명하는데 사용된다. 실제로 스트레스와 트라우마는 모두 개인이나 그룹에 속한 사람들의 신체, 감정, 인지, 행동, 정신에 영향을 미친다. 그러나 트라우마를 일으킨 사건은 그 사건이 진행되는 기간과 강도에 있어서 일반적인 스트레스와 상당한 차이를 보인다.

트라우마를 일으키는 충격적인 사건들은:
* 생명의 위협 혹은 신체의 위협과 관련이 있다.
* 공포와 무기력감을 갖게 한다.
* 위협에 반응하는 개인이나 그룹에 속한 사람들을 무기력하게 만든다.
* 통제 불능의 느낌을 갖게 한다.
* 개인이나 사회가 갖고 있는 삶의 질서와 의미를 거부하도록 만든다.

트라우마를 일으킨 상황이 어느 정도로 압도적인가 하는 것은 사건의 외견만으로 결정할 수 없다. 아무리 작게 보일지라도 스트레스를 준 동일한 사건이 한 사람 혹은 사회 내의 여러 사람들에게, 그리고 여러 복잡 미묘한 상황에 의해 혹은 주변의 다른 사람들에게 엄청난 충격으로 다가올 수 있다. 트라우마를 일으킨 상황은 사건을 겪은 사람의 연령, 이전의 경험, 준비여부, 그 사건에 부여되는 의미, 지속 기간, 가능한 사회적 후원의 질, 트라우마를 다루는 지식, 유전적 기질, 정신적 안정감 등을 포함한다. **결국, 그것이 어떤 사건이었는지 상관없이 트라우마는 누구에게나 일어날 수 있는 일로 다룰 필요가 있다.**

트라우마는 개인과 그 사람이 속한 사회 간의 역동적인 상호작용이라는 맥락에서 발생한다.6) 개인의 경험에 대한 사회적 의미와 사회적 상황들이 종종 트라우마를 유발시키기도 한다.

예를 들어, 카드주Kadzu는 1년 전에 죽은 남편에 의해 에이즈에 감염되었다. 그녀는 두 명의 아들과 홀로 계신 늙은 어머니와 함께 살고 있으며, 경제적으로는 친척에 의존하고 있다. 카드주의 상황은 에이즈에 대한 가족과 마을 사람들의 태도와 국가의 정책에 지대한 영향을 받고 있다. 또한 에이즈를 예방하고 치료하는 지원 상황에 영향을 받으며, 지적 재산권, 약값 및 다국적 제약회사들의 특허권에도 지대한 영향을 받고 있다. 특히 마지막에 언급된 지적 재산권, 약값 및 다국적 제약회사들의 특허권은 국제무역 협정에 의해 영향을 받는 것이다. 이와 유사하게 램스와 지나의 트라우마도 그들이 살고 있는 사회적 환경에 의해 야기된 것이라 할 수 있다.

지속적이며 구조적으로 발생하는 트라우마

태풍이라든가 가공할 만한 어떤 사건, 더 나아가 세계무역센터에서 죽은 마리의 오빠가 당한 것처럼, 모든 트라우마가 어마어마한 사건에 의해서만 발생하는 것은 아니다. 사람이 지속적인 학대 및 안전하지 못한 일상의 환경 속에서 오랜 기간 동안 노출되어도 트라우마가 일어날 수 있다. 램의 이야기에 나타나는 지속적인 내전 상황과 생존을 위해 몸부림치는 지나의 환경과 같은 상황이 바로 그러한 예이다. 그러나 단 한 번의 사건이라도 강도를 당하거나, 강간을 당하거나, 깡패 활동에 연루되는 것과 같은 충격적인 사건은 세계 전역에서 언제든지 일어날 수 있는 일로 트라우마를 유발시킨다. 분쟁 지역에서 발생하는 상처와 죽음에 지속적으로 노출되는 것, 테러에 점령된 상황 속에서 살거나, 이와 동일한 공포 속에서 사는 사람들은 이러한 일들이 일상화되어 다른 사람들보다 충격을 덜 받기도 한다. 의료보험과 같은 기본적인 도움조차 받지 못하도록 사람들을 가로막는 가난과 고착화된 폭력을 우리는 **구조적 폭력**structural violence이라고 부른다. 불의한 구조 또한 트라우마의 원인이 된다. 이러한 구조적 트라우마는 어떤 사건이 일어나기까지 잘 드러나지 않는다. 태풍 카트리나가 일어났을 때, 오랫동안 안고 있던 구조적인 폭력과 상황들이 함께 드러난 것을 그 예로 들 수 있다.

트라우마는 지속되는 일상의 사건이나 환경들에 의해 발생할 수 있다.

지속적인 트라우마와 더불어 살아가는 이러한 경험을 제대로 표현해낼 만한 학문적 표준 용어는 아직 존재하지 않는다.

이러한 것은 누적되는 트라우마cumulative trauma, 지속적인 트라우마continuous trauma, 만성적 트라우마chronic trauma, 연쇄적 트라우마 sequential trauma, 복합적 트라우마multiple trauma 혹은 복수 트라우마 plural trauma와 같은 식으로 표현될 뿐이다. 아마도 니카라과의 트라우마 회복 프로그램에서 일하고 있는 마르다 카브레라Martha Cabrera의 표현이 가장 좋은 용어인 것 같다. 마르다는 수 십 년 동안 진행된 갈등의 상황 속에서 이러한 복합적 트라우마의 특성을 관찰하고 표현한 바 있다. 그녀는 "여러 번의 상처를 통해 복합적 정신외상을 입었으며multiple traumatized, 복합적인 슬픔을 겪는 사회에 속해 있다"고 자신의 상황을 표현하였다.7) 심리적, 정신적, 사회적, 경제적, 정치적으로 어려운 환경은 단지 개인뿐 아니라 사회전체에 뿌리 깊이 자리하여 지대한 영향을 끼친다.8)

사회적 혹은 집단적 트라우마

한 충격적인 사건 혹은 연속되는 사건들이 많은 사람들에게 영향을 미치게 될 때, 우리는 이를 **사회적 혹은 집단적 트라우마**societal or collective trauma라고 말한다. 트라우마는 직접적으로 경험될 수 있지만, 그것은 텔레비전에 방영되는 것을 봄으로써 발생할 수도 있으며, 단지 그러한 끔찍한 소식을 듣는 것만으로도 발생할 수 있다. 그것이 직접적이든 간접적이든, 트라우마를 겪은 그 집단은 폭넓은 두려움, 공포, 무기력감 혹은 분노를 나타낼 수 있다. 그러한 사건들은 단순히 개인의 경험에 머물러 있는 것이 아니라, 국가 및 지역 전체에 유포되어 사회적 트라우마를 초래한다.

이러한 트라우마들 중 어떤 것들은 특정 문화 혹은 특정 사회에서 두드러지게 나타난다. 예를 들어, 2001년 '9 · 11 사건'은 미국 사람들뿐만 아니라 수많은 사람들에게 즉각적으로 뉴욕 시와 워싱턴 D.C.가 공격을 받으리라는 상상을 불러일으켰다. 그러나 칠레에서 9 · 11사건은 1973년 9월 11일 미국의 지지를 받아 민주주의적으로 선출된 살바도르 알렌데 정부가 붕괴된 충격적인 날로 기억되고 있다. 중앙아메리카 사람들은 1990년 9월 11일을 미르나 마크Myrna Mack 인권남용을 주제로 한 다큐멘터리를 만든 과테말라 출신의 인류학자가 살해된 날로 기억하고 있다.

한 사회 내에서, 문화적으로 배경이 다른 소규모 그룹들은 사건의 피해자들이 겪은 경험과 위협의 유사 정도에 따라서 똑같은 사건들을 서로 다르게 이해하고 경험할 수 있다.

세대 간으로 전이되는 역사적 트라우마

역사적 트라우마는 '사회 전체 구성원이 겪는 트라우마로, 인생 전반 혹은 여러 세대로 연결되어 일어나는 누적된 감정과 심리적 상처'이다.9)노예, 식민지 및 박해 혹은 파벌 및 종교 집단에 의한 인종말살 등이 이러한 예이다. 이러한 '사건' 혹은 제도는 과거의 일이지만, 그 영향은 누적되어 개인과 사회구성원의 태도나 행동을 통해 세대를 이어간다. 트라우마는 사건을 직접 경험하지도 않고 그 사건에 대해 대략적으로 밖에 알지 못하는 다음 세대로까지 전이되어 일어나기도 한다. 사람들이 공개적으로 슬픔과 비탄을 표현할 수 없던 사건들을 통해 '감추어진 트라우마'가 드러난다.

문화나 사회 전체를 말살시키려는 상황에서 이러한 문화적 트라우마가 생겨난다. 역사적 트라우마는 전 세계에 흩어져 있는 원주민이나 인디언 집단에서 흔히 볼 수 있는 트라우마이다.

이차적 트라우마

이차적 혹은 대리적 트라우마secondary or vicarious trauma는 구조 요원, 보호요원 및 재난을 상대로 일하는 사람들이나 일차적으로 충격을 받은 직접적인 피해자들을 돌보는 사람들에게서 발견되는 트라우마다. 즉, 구조요원, 보호요원 등에게 나타나는 트라우마를 일컫는다. '남아프리카 공화국의 진실과 화해 위원회South Africa's Truth and Reconciliation Commission'에서 피해자들의 증언을 전담했던 수많은 기자들은 개인적인 트라우마를 어떻게 피할 수 있는지에 대해 사전에 충분히 설명을 들었는데도 그들이 일을 떠난 후 트라우마를 수반한 스트레스를 경험했다고 보고했다. 이러한 이차적 트라우마의 영향은 피해자 및 생존자들이 경험했던 트라우마와 매우 유사한 모습이었다.

가해자의 트라우마

트라우마를 일으키는 또 다른 원인은 이전에 거의 논의되지 않은 것인데, 법 테두리 밖에서 행한 것이든 직무에 의한 것이든, 범죄 행위로써 다른 사람에게 해를 끼치거나 공포를 조장하는 데 적극적으로 참여한 사람들이 겪는 트라우마이다. 심리학자 레이첼 맥네어Rachael MacNair의 연구 조사에 따르면 고의로 했든 고의로 하지 않았든 다른 사람을 해하여서 생긴 이러한 트라우마의 영향은 피해자와 생존자들이 경험한 것만큼 심각하거나 이들보다 더 심각한 트라우마를 경험하게 될 수 있다고 한다.10)

맥네어가 제기한 내용들은 지역사회, 집단 및 여러 국가에 매우 중요한 사실을 제공해 주고 있다. 이들 집단 및 여러 국가가 대학살, 인종말살, 자살폭탄 테러, 국가가 후원하는 암살, 혹은 선제

공격하는 전쟁과 같은 사건들에 대한 책임을 심리적·영적으로 어떻게 적용할 것인가 하는 점이다.

요약

트라우마를 일으키는 사건들과 상황들은 위협에 반응하는 우리의 일반적인 능력과 그 범위를 압도한다. 다음은 트라우마 및 스트레스를 일으키는 일반적인 사건들이다.

- 학대 혹은 폭행: 신체적, 감정적, 강간을 포함한 성적 학대 및 폭행
- 사고
- 다른 사람들에게 고의로 해를 끼치는 것: 범법자, 고문관, 학대자, 테러리스트, 국가가 후원하거나 제한하는 테러, 권력의 남용
- 직무상 다른 사람들에게 해를 끼치는 것: 법 집행자, 사형 집행자, 군인들
- 경제적인 정책과 가난
- 노숙자 및 난민 상태
- 사람에 의한 재해: 화학약품 배출, 댐 및 제방을 터트림
- 노예가 되어 살거나 징역의 상황에서 일을 하며 삶
- 대규모의 폭력: 학살, 공격, 인종청소, 전쟁
- 자연 재해들: 태풍, 지진, 허리케인, 쓰나미 등

- 자신들을 제대로 돌보지 못하는 사람들에 대한 무관심
- 에이즈, 생물학적 테러를 포함한 중병 및 유행 혹은 전염병
- 구조적인 폭력: 사람들의 권리와 기본적인 필요를 충족시킬 수 없게 만드는 사회적인 구조 및 제도
- 사랑하는 사람, 직위, 신분, 소유, 가정, 영역을 갑작스럽게 잃게 되는 것.
- 혁명 등에 의한 규칙, 법, 기대치 혹은 규범 등의 갑작스러운 변화
- 난산, 수술, 치과 및 의료적 절차
- 고문
- 죽음과 상해를 목격함

간단하게 말하자면, 트라우마의 유형과 원인은 수없이 많다. 이러한 트라우마에 반응하는 사람으로서 개인과 사회로서 이제 우리는 이러한 트라우마에 반응하는 여러 가능한 방법들을 살펴보고자 한다.

3. 트라우마를 일으키는 사건에 대한 일반적인 반응

램 코스마스Lam Cosmas는 1986년 10월 3일에 일어난 일을 아주 또렷하게 기억하고 있다.

저는 구루Gulu에 살고 있었고, 그날 아침 수도인 캄팔라로 가기 위해 버스에 탔습니다. 저는 버스의 중간쯤에 앉아 있었습니다. 대략 우리 마을로부터 16킬로미터 떨어진 지점에 이르렀습니다. 얼마전에 그곳에서 트럭한대가 공격을 받았기 때문인지 저의 마음은 매우 불안했습니다. 그때 저는 창문을 통해 군역에 지쳐 길가에 웅크리고 앉아 우리를 향해 총구를 겨누고 있는 사람들을 보았습니다. 저는 무척 두려웠습니다. 저는 버스 운전사에게 "멈추지 마요. 멈추지 마요." 하고 소리를 질렀습니다. 저는 총소리를 들었고 다른 승객들의 비명소리를 들었습니다. 더 이상 "멈추지 마요"라고 소리를 지를 수조차 없었습니다.

운전사는 엔진 소리를 높이며 차를 몰았지만 속도는 점점 줄었습니다. 제가 기억할 수 있는 몇 가지는 도처에 선혈이 낭자했던 것과 사람들의 비명, 총탄에 턱이 날아간 사람의 얼굴, 그리고 양쪽 다리에 총을 맞은 한 남자의 모습이었습니다. 저는 너무나 두려워서 제가 다쳤는지 다치지 않았는지도 알지 못했습니다. 그리고 아이들 중 몇이 의자 밑으로 숨은 것을 보게 되었습니다. 그것은 아주 기괴한 모습이었습니다. 그들은 울지 않았고 아무 소리도 내지 않고 죽은 듯이 숨을 죽이고 있있습니다.

이러한 일이 발생한 곳으로부터 약 50km 떨어진 마을에 도착했을 때 운전사가 버스를 멈추었습니다. 그제야 저는 제 몸을 살펴보았고 아무 데도 다친 곳이 없다는 것을 알았습니다. 다친 사람들은 병원으로 이송되었습니다. 한 사람도 죽지 않았지만, 두 다리에 총상을 입은 한 남자는 두 다리를 잘라야 했습니다. 우리가 버스를 점검했을 때, 타이어 윗부분의 총구들을 보게 되었습니다. 총알들이 타이어에 맞지 않은 것을 감사했습니다. 그때 우리는 운전사의 바지가 피로 범벅이 되어 있는 것을 보았습니다. 그도 총을 맞았습니다. 그런데 그는 아무런 통증도 느끼지 못하고 그곳까지 운전을 해 온 것이었습니다.

트라우마, 폭력 및 안전이 어떻게 서로 밀접한 관련을 갖고 있는지 그 방식을 이해하고 그 방향을 추적하기 위하여, 이 책에서 우리는 상호관련성이 있는 세 가지 도표들을 사용하게 될 것이다. 우리는 '트라우마 치유 여정:피해와 폭력의 순환 끊기라고 불리는 모델'을 함께 만들 것이다. 이 세 가지 도표 중 첫 번째 것이 바로 희생 및 생존자 사이클인데, 일단 우리가 갖고 있는 안전에 대한 감각이 폭력에 의해 산산조각이 나버렸을 때 발생하는 아주 통상적이고 일반적인 트라우마에 대한 반응이 어떠한지를 잘 묘사해 주고 있다. 이 책에서 지속적으로 보게 될 괄호 안의 숫자들은 도표에 나타나 있는 숫자들을 설명하기 위해 붙인 것이다. 비록 도표의 사이클에는 반응들이 연쇄적으로 표현되어 있지만, 실제 삶 속에서 한 가지 반응이 끝나고 다음 반응이 시작되거나, 똑같은 순서로 나타나지는 않는다.

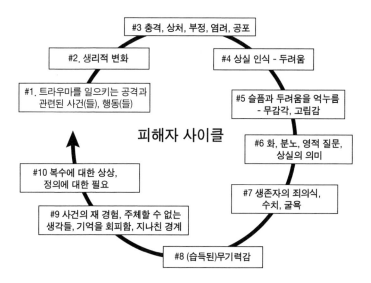

1988년에 출간된 『용서 및 화해Forgiveness and Reconciliation』(올가 보차로바 Olga Botcharova)에 의한 모델을 근거로 허락을 받고 사용함. 보차로바의 모델을 수정한 이 모델은 2002년 이스턴메노나이트 대학교의 정의와 평화 건설 센터(the Center for Justice and Peacebuilding, CJP)에 의해 제시되었으며 허락을 받고 사용함.

트라우마는 생리학적으로 우리에게 영향을 미친다

우리가 어떻게 트라우마에 반응하는가에 있어서 뇌의 역할은 아주 중요하다.[#1~2] 뇌를 형성하고 있는 아주 중요한 세 부분은 대뇌피질cerebral cortex, 대뇌 변연계limbic system, 뇌간brain stem인데, 이들은 상호의존적으로 존재한다.

■ 대뇌피질cerebral cortex: 우리의 이성, 사고를 담당하는 뇌

■ 대뇌 변연계limbic system: '감정을 담당하는 뇌' emotional brain로 기억저장 및 감정을 총괄함. 편도체amygdala와 연결되어 있고 공포에 가장 먼저 반응하도록 하는 곳임.

■ 뇌간brain stem: '본능을 관장하는 뇌' instinctual brain로 싸움, 도망, 혹은 겁에 질려 얼어붙는 등 자동적인 반응을 관장함. 시간의 순서가 전혀 통하지 않으며 뇌간이 관장하는 모든 것은 '지금' now 이 순간과 관련됨.

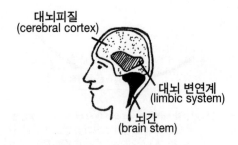

대뇌피질
(cerebral cortex)

대뇌 변연계
(limbic system)

뇌간
(brain stem)

대뇌 변연계limbic system와 뇌간brain stem은 하뇌lower brain로, 대뇌

피질cerebral cortex은 **상뇌**higher brain로 불리기도 한다.

정상적인 상황에서 제공되는 정보는 우선 우리의 이성을 관장하는 뇌인 대뇌피질로 들어온다. 그 후에 하뇌로 전달된다. 버스를 향해 겨눈 총을 본 상황에서 램Lam이 인식한 정보는 위기로 말미암아 사고를 관장하는 뇌의 중심을 건너뛰고 곧바로 편도체로 연결되어 공포를 유발시켰다.

대뇌 변연계limbic system는 이러한 공포에 대한 생리학적 현상으로 스트레스를 유발하는 화학성분과 호르몬을 증가시킨다. 이러한 생리학적 현상은 뇌간을 자극하여 공포와 맞서 싸우든지 아니면 도망하도록 반응을 일으키며 생명을 보존하도록 몸을 초강력 각성 상태로 만든다.11 이때 심장 박동, 호흡, 그리고 신진대사가 급증한다. 엄청난 힘과 에너지를 생산할 수 있도록 피가 근육 및 몸의 각 부분으로 급속하게 퍼진다. 생존을 위해 당장 필요하지 않은 소화 능력과 같은 기능은 중단되는 대신에 생존에 필요한 시각과 같은 기능은 아주 예민해진다.

일어나고 있는 일로부터 거리를 두는 것은 감정적 충격과 그 순간 신체적인 고통에 압도되지 않도록 우리를 보호해 준다. 시간에 대한 감각은 완전히 왜곡되거나 변형된다. 이를테면 일어나는 짧은 동작이 아주 느리고 길게 인식되는 반면 행동은 매우 민첩해진다. 어떤 사람들은 공포의 순간에 조용하거나 모든 것에 초연

한 느낌, 아주 고요한 느낌을 경험하기도 한다.

이때 기억들은 일상적인 방식으로 진행되거나 저장되지 않는다. 기억들은 조각조각 편린으로 남게 되는데, 한편의 그래픽 이미지로 나타나거나 때론 사건의 순간을 전혀 기억하지 못하는 모습으로 나타나기도 한다. 말을 관장하는 뇌 부분의 기능이 멎기도 하며, '공포에 의해 벙어리'가 되는 증상이 나타나기도 한다.

위협에 반응하는 이러한 각성은 생존하려고 도망을 가거나 싸우도록 만들기도 한다. 이러한 행동은 생리적으로 자연스럽게 순환한다. 만약 이러한 자연스런 생리적 순환이 끝나면, 우리는 안도감이나 흥분 및 승리감을 느끼게 된다. 즉, 몸은 안정과 휴식의 상태로 되돌려진다. 그러나 램이 버스에 갇힌 것과 같이 도망을 가거나 싸울 수 없는 상황이 될 때, 혹은 공포와 무력감이 엄습하는 상황이 될 때, 겁에 질려 몸이 얼어붙어 꼼짝달싹 못하는 반응을 보이기도 한다. 이럴 때 우리는 아무런 생각을 할 수도, 움직일 수도, 혹은 그 어떤 말도 하지 못할 수 있다. 싸우든지 도망을 가려고 엄청난 에너지가 초강력 각성 상태의 신경계를 자극할 때, 그 얼어붙은 모습이란 마치 자동차의 가속기를 누르며 동시에 브레이크를 내리 밟는 것과 비슷하다.

순간적으로 몸이 얼어붙는 것은 강도 높은 트라우마로 인해 신경계에 있는 에너지의 흐름이 멈추는 현상이다. 만약 이러한 에너

순간적으로 몸이 얼어붙는 것은 강도 높은 트라우마로 인해 신경계에 있는 에너지의 흐름이 멈추는 현상이다.

지가 며칠 혹은 몇 주 내로 사라지거나 재조정되지 않으면, 이러한 에너지의 제한은 일반적인 트라우마로 발전되며, 후에는 일어나지 않은 일을 실제 일어난 일처럼 느끼도록 만든다.[12]

램은 다음과 같이 말을 계속 이어나갔다.

우리들 중에 상처를 입지 않은 사람들은 버스로 세 시간 동안 캄팔라 Kampala로 계속 여행했습니다. 세 시간이 지나 캄팔라에 거의 도착할 무렵 타이어가 터진 사건 외에는 아무런 일도 없었습니다. 그러나 세 시간 동안의 여행이 어땠는지에 대해 묻는다면 제게는 아무런 기억이 없습니다. 총소리처럼 타이어가 터지는 소리에 모든 사람들은 비명을 질렀고 의자 밑으로 몸을 웅크렸습니다. 아주 끔찍했어요.

그 후 가족에게 제가 겪은 일을 이야기 할 때, 저는 무서워서 몸을 떨었고 식은땀을 흠뻑 흘리곤 했습니다. 제가 그 사건에 대한 꿈을 꾸었는데 악몽은 약 3개월 동안 지속되었습니다. 저는 그 사건에 대해 기억하지 않으려고 애썼지만 그 사건은 약 3개월 동안 제 머리를 떠나지 않았습니다. 그 후 여러 해 동안 그리고 지금까지도 그 사건이 일어난 곳을 지날 때마다 저는 두려움을 느낍니다.

두뇌 연구가들은 신경단위인 뉴론neurons들이 함께 자극을 받고 함께 움직인다고 보고한다. 뉴론은 전기화학적 과정을 통해 어떤 '메시지'를 전달하는 신경계의 특별한 세포들이다. 경험이 더 강렬할수록 그들은 더 강한 결속력을 갖는다.

트라우마는 종종 이미 경험한 상황과 비슷한 소리, 시각, 냄새 혹은 어떠한 상황과 마주칠 때 우리를 무너뜨리기도 한다. 혹은 뜻밖의 상황에서 트라우마에 대한 기억이 생생하게 살아나도록 만들기도 한다. 우리는 이러한 것들을 기억의 침입intrusive memories 이라고 부른다.#9 이러한 기억은 과거의 사건이 마치 지금 일어나고 있는 것처럼 느끼고 반응하도록 만든다.

결과적으로 생존자들은 이미 발생했던 트라우마와 그들이 경험한 트라우마에 대한 생각을 피하는 모습으로 반응하게 된다. 끔찍하고 생생한 과거의 기억들을 다시 경험하지 않으려는 노력으로 볼 수 있다. 불현듯 찾아오는 기억의 침입은 그들이 일상을 제대로 살지 못하게 하는 원인이 되기도 한다.

램과 함께 버스에 탑승했던 승객들은 총소리, 피의 장면과 피비린내, 상처 입은 사람들의 흐느낌을 통해 더 큰 공포감을 경험하였다. 몇 시간 후 터진 자동차 바퀴소리는 그들에게 곧바로 전에 있던 공격장면을 생각나게 만들었다.

진땀을 흘리고 몸을 덜덜 떠는 램의 모습은 트라우마를 경험한 사람이 보이는 자연적인 신체적 반응이다. 사건 후에 경험하는 이러한 반응들은 폭풍이 몰아치는 듯한 엄청난 에너지가 가져다준 결과로, 사람의 내면세계를 꽁꽁 얼어붙게 만들고, 이미 일어난 사건에 대한 생각과 기억들에 의해 지속적으로 생겨나는 반응이다. 이러한 부정적 에너지를 방출해 내도록 도움을 받을 수 있다면, 생존자들은 사건과 관련된 환각과 악몽 같은 지속적인 충격 후 반응들로부터 헤어 나오거나 나아질 수 있다.[13] 그러나 우리 뇌의 윗부분 혹은 이성을 관장하는 뇌는 종종 우리의 몸에 귀를 기울이기도 한다. 감정을 압도하는 사건들을 두려워하는 것은 심리상태의 동요를 의미하며, 동시에 우리가 무너지지 않으려고 안간힘을 쓰는 모습이기도 하다. 그러나 이렇게 안간힘을 쓰는 것은 우리가 경험하는 슬픔과 두려움에 대한 자연적인 치유를 억압하기도 한다.[#5]

초강력 각성이라는 트라우마 에너지intense trauma energy는 빠르게 대응하지 못한 구조팀원들, 최선을 다하고 있는 의사들, 좀 더 도움을 주어야만 한다고 여겨지는 재난기관들, 자신의 감정을 충분히 알지 못하는 것처럼 보이는 배우자, 자신들을 공격한 사람들 그리고 같은 인종[#6]에 속한 사람들 등 상대를 불문하고 가장 가까이에 있는 대상에게 표출된다. 때로 그 분노는 정당화될 수도 있고 그렇지 못할 수도 있지만, 그 강도는 종종 정도를 지나치게 될 경우가 많다.

마리는 약 두 달 전에 자기 오빠의 추도식에서 경험했던 한 사건을 다음과 같이 묘사하고 있다.

> 저는 제 자신이 떨고 있다는 것을 알고 공원에 차를 세우고 산보를 했지요. 공원에는 두 마리의 개를 데리고 있던 한 남자가 있었어요. 저는 그 사람에게 개에 목걸이를 씌우라고 말했어요. 그 남자는 제게 "개목걸이는 오히려 네가 써야 하지 않겠느냐"는 반응을 보였어요. 그 말에 저는 너무 화가 나서 할 수만 있으면 자동차로 그 남자를 깔아뭉개 버리거나, 적어도 그 남자를 향해 자동차 엔진소리로 뭔가 표현해 주고 싶었어요. 실제로 저는 그를 향해 차를 몰았고 그 남자를 향해 커브를 틀었어요. 정말로 그 남자를 차 밑에 깔아버릴 수도 있었던 것 같아요. 저는 내 안에 무엇이 들어 있는지 알 수 없었어요. 그러나 저는 자동차 엔진이 아닌 제 안에 있는 엔진을 최고의 속도로 올려 고함소리를 내고 싶었던 것이지요. 저는 제가 그 남자가 서 있는 온 우주를 통째로 뒤엎어버리고 싶었어요. 사실 우주를 뒤엎어 버려도 시원치 않다는 느낌이었지요. 저는 우주의 공간, 은하수와 나선형의 성운들과 아무것도 없는 그 공간들을 향해 고함을 치고 싶었어요.

일상적인 언어로 표현하자면, 우리는 마리를 바라보며 "실성한 사람 같아!" 혹은 "완전히 돌아버렸군!"하고 반응할지 모른다. 생리학적으로 그것은 아주 정확한 표현이다. 실제로 마리는 이성을 잃었을 뿐 아니라, 현실의 상황과 현실 속의 자신을 연결시키는 '연결'connection고리를 잃어버렸기 때문이다.

감정적 식별력이 뛰어난 사람으로 살아가기 위해, 우리는 온갖 기능이 함께 작용하는 두뇌의 모든 부분을 필요로 한다. 우리 눈 뒤쪽에 위치해 있으며 대뇌피질의 앞쪽 부분에 해당되는 곳인 전두엽피질orbitofrontal cortex, 혹은 안전두피질眼前頭皮質은 앞서 설명한 대뇌피질the cerebral cortex - 이성적인 뇌, 대뇌 변연계limbic system - 감정적인 뇌와 뇌간brain stem - 본능적인 뇌이라는 아주 중요한 뇌의 세 부분을 서로 연결하고 통합하는 역할을 담당한다.14) 다른 뇌의 부분들과 함께 안전두피질은 감정을 조절하고, 비언어적 의사소통의 숨은 뜻이 무엇인지 알 수 있도록 하고, 우리 주변의 정보들을 수집하고, 행동에 앞서 그 정보들의 의미를 깊이 생각하게 하고, 좀 더 유연하고, 다른 사람들에게 동정을 표하며, 윤리적으로 친절하게 행동할 수 있도록 조절해 준다.15)

그러나 신경과학자들은 트라우마가 바로 이러한 안전두피질의 기능을 방해한다고 믿고 있다. 신경생물학 전문가인 다니엘 시겔Daniel Siegel은 이것을 '로우 모드'low-mode, lower brain - 뇌가 느리게 반응하는 현상라고 정의 하였다. 이는 뇌가 비정상적인 상태로 반응하여 우리를 무감각한 상태로 남아 있게 만들기 때문이다. 로우모드에서 이성적인 사고는 사라져 버리게 된다. 뇌의 이성적인 사고가 사라짐으로써 전체 상황을 통합하는 능력이 사라지고, 대신에 아주 강렬한 감정, 충동적 반응 혹은 경직되거나 반복되는 반응들만을 경험하게 된다. 자아를 생각하는 우리의 능력, 다른 사람이나 다른 집단의 관점을 배려하는 능력은 완전히 손상된다.16)

마리가 과거에 대해 회상하며 이야기를 할 때, 마리의 안전두피질orbitofrontal cortex은 제 기능을 발휘하지 못하는 모습을 보였다.

> 그때 "마리, 차를 돌려. 집으로 가야지." 하는 조그만 목소리가 들렸어요. 저는 정말로 떨고 있었고, 차를 돌려 집으로 왔어요. 저는 "뭔가 좀 깊이 생각해 볼 필요가 있다."고 생각했지요.

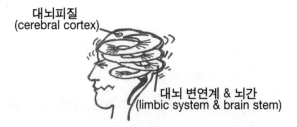

대뇌피질
(cerebral cortex)

대뇌 변연계 & 뇌간
(limbic system & brain stem)

트라우마로 인해 발생하는 강렬한 반응을 살펴보는 것은 왜 우리가 트라우마에 의해 압도되며 통제 불능의 상황이 되는지 좀 더 쉽게 이해하도록 도와준다. 이러한 반응을 살펴볼 때, 왜 우리가 감정을 억누르거나#5 감정적으로 무감각한 상태가 되며, 이미 일어난 일을 부인하고, 우리에게 미치는 영향을 부인하는지 쉽게 이해할 수 있게 해준다. 처음에 일어나는 이러한 반응은 우리가 뭔가에 의해 압도되지 않도록 해주는 건강한 방어처럼 보일 수 있다. 그러나 이러한 강렬한 반응은 우리의 관계 및 전인적인 삶에 악영향을 미치게 된다.

트라우마는 삶의 의미를 산산조각 낸다

트라우마를 일으키는 사건들은 우리가 알고 있듯 세상을 산산조각 내어버리고 우리의 삶을 무질서하고 무능력하게 만든다. 또한 마치 다른 사람들이나 일상생활로부터 철저히 고립되었다고 느끼게 한다. 트라우마에 대한 우리의 반응은 분노, 불안, 의기소침, 우울증을 경험하게 하고, 자신과 세상에 대한 수많은 질문을 하게 만든다. "왜 우리에게 이러한 일이 일어났는가?" "신은 도대체 어디에 있는가?" 그리고 "과연 인생의 의미는 무엇인가?" #6

마리는 자신의 경험을 다음과 같이 설명했다.

제 안에서 일어나는 분노의 정체를 알 수 없었어요. 제가 가졌던 분노는 테러리스트들에 대한 것이 아니라, 전체 시스템에 대한 것이었고, 인간으로서 우리가 어디로 가고 있는가? 하는 문제에 대한 것이었어요. 그리고 나 자신에 대한 것이었어요.

기도와 묵상을 엄청나게 했는데도, 이렇게 반응을 했다는 점이에요. 한편으로 저는 비이성적인 생각에 이런 질문을 하기도 했어요. "만약 지금의 내가 진짜 나라면 지금까지의 내 인생이 얼마나 좋았는지, 얼마나 가치가 있었는지 제대로 평가할 수 있을까?" 이러한 질문과 함께 감정의 파고들은 춤을 추었고, 아주 오랜 기간 동안 제 안에 있는 모든 신경들이 파멸 직전에 있는 것처럼 느껴졌어요.

트라우마로 시작된 감정과 생각으로 인한 상처는 깜짝 놀랄 정도로 깊고 크다. 사랑하는 사람, 가정, 직업, 마을, 소속된 공동체, 신분, 안전을 모두 잃어버린 상실감은 정체성에 대한 질문으로 이어진다. 우리가 통제 불능의 느낌을 갖거나 '정신나간' 느낌을 받게 될 때, 우리는 슬픔, 고통 및 여러 질문들을 억누르게 된다.#4,5,7,8 이때 수치심, 자책, 굴욕감이 일반적인 느낌으로 자리하게 된다. 따라서 다른 사람들이 죽었을 때, 살아남은 사람은 생존 그 자체에 대한 죄의식을 느끼기도 한다.#7

비록 그것이 논리적이지는 않지만, 우리는 이미 일어난 일을 미연에 방지할 수 있었으며, 충분히 극복할만한 일이었다고 믿을 수 있다. 혹은 우리가 조금만이라도 더 나은 사람이었다면 우리가 지금처럼 나쁜 감정을 느끼지 않을 수도 있었을 것이라고 믿을 수 있다. 이럴 때, 일시적이지만 위험에 처한 이들이 존경의 대상이 되기도 한다. 우리는 이미 우리에게 일어난 일에 대해 수치심을 느낀다. 그리고 만약 우리가 일상에서 경험하는 트라우마 증상들을 이해하지 못하면, 우리는 우리의 대처방식에 대해 수치심을 느끼게 될 것이다. 잃어버린 존재를 통해 겪는 최초의 충격과 부정의 단계를 거치면서, 우리는 거의 미칠 것 같은 느낌을 받게 될 수 있다.

우리는 의미를 만들어가는 피조물이다. 그러기에 우리는 세상에 그럴 듯한 의미를 부여해 가며 우리의 정체성과 안전을 확보한다. 이러한 의미들은 종종 일상의 이야기 속에 뿌리를 내리고 있다. 트라우마가 우리의 세상을 산산이 부숴버릴 때, 우리의 의미와 이야기들 또한 완전히 부서진다. 실제로 우리가 갖고 있는 가설들혹은 우리가 추구하고자 하는 의미와 우리의 이야기들을 공격하는 것은 트라우마를 일으키는 부분적 원인이 되기도 한다. 따라서 우리의 감각을 다시 창조해 내는 방식으로 일어난 일을 설명하거나, 우리의 이야기를 풀어놓음으로써 우리의 정체성과 인생을 의미를 찾고 싶어 하는 것이다.

트라우마는 출구가 필요하다

우선 트라우마를 겪고 있는 사람들에게 무슨 일이 일어났는지 알고 이해할 필요가 있다. 그들은 종종 정보를 원하지만, 그들은 또한 자신의 이야기를 다른 사람들에게 말할 기회를 가질 필요가 있다. 트라우마는 종종 우리의 삶을 '다시금 이야기'로 풀어내도록 할 출구를 필요로 한다.

그러나 트라우마 생존자들에게 가장 급한 필요는 신체적, 감정적, 정신적 안전과 보호이다. 우리는 이미 일어난 일이 재발하지 않도록 취해야 할 단계들이 무엇인지 알기 원한다. 단지 그러한 단계들이 의미를 부여하기 때문만이 아니라, 그 단계들이 제공하는 질서와 안전의 의미를 통해 우리들도 답을 알아야 하기 때문이다. 예를 들어, 만약 누가 어떤 일을 저질렀고, 왜 그랬는지를 우리가 알 수 있다면, 그것은 삶을 예측가능하게 해줄 것이다. 우리가 살펴보겠지만, 우리가 좋은 답을 갖지 못할 때, 우리는 종종 안전과 의미를 얻으려고 간단하고 부정확한 정답만 의지하게 된다.

트라우마의 상황은 종종 우리에게 불공평한 처우를 받고 부당한 피해자가 되었다는 감정을 남겨 놓는다.#10 범죄의 피해자들과 함께 일하는 것은 이러한 정의롭지 못한 상황을 경험한 사람들의 측면에서 '정의가 필요하다'는 것을 알게 만들어준다.17)

피해자들이 원하는 정당한 요구

- 안전safety
- 정보, 정답information, answers
- 이야기 및 진실을 말하기story-telling/truth-telling
- 능력인정empowerment
- 권리인정vindication
- 권리회복restitution

피해를 받았다는 것을 느끼는 사람들에게 가장 필요한 것 중 하나는 이들의 입장과 권리를 제대로 인정하고 대변해 주는 일이다. 모든 사람은 상호관계에 있어서 평등하다는 기본적인 욕구를 갖고 있다. 잘못된 것을 바로 잡을 때, 피해자의 기본적인 욕구가 충족될 것이며 권리가 회복되는 느낌을 받을 것이다.

도덕적 공평성 또한 피해자들이 요구하는 정당한 행위에 해당된다. 즉, 그 누구도 비난해서는 안 되며, 누군가가 책임을 감당하리라는 사실을 그들이 알 수 있도록 도와주어야 한다. 이러한 반응은 피해자가 느끼는 수치심과 굴욕감을 제거한다. 이상적으로 말하자면, 이러한 행위를 통해 피해자들은 존중받고 있다는 느낌을 받아야 한다. 이러한 것은 적어도 부분적으로 사과하거나 피해자들의 권리회복을 좀 더 명확히 표현하라는 뜻이기도 하다.

마치 실제적인 손해를 배상받을 길이 없다면, 적어도 거기에는 어떤 상징적인 설명이나 배상이 주어져야 할 것이다.

또 다른 필요는 능력을 인정empowerment해 주는 일이다. 트라우마는 피해자의 능력과 통제 감각을 빼앗아가는 반면, 수치심과 굴욕감을 남겨준다. 이러한 것은 인간의 존엄성과 개인적 능력 혹은 자율성을 앗아갈 수 있다.

종종 트라우마를 경험한 후, 치유의 여정을 걷는 사람들에게 정의는 살아있다라는 확신을 주는 것은 직접적이든 상징적이든 아주 중요한 역할을 한다. 만약 실제로 이러한 정의가 실현되지 않는다면, 아주 지독하게 복수를 해야겠다는 생각과 환상이 오히려 당연한 것이 된다.

이전 장에서 언급했듯이, 허리케인 카트리나와 같은 엄청난 충격의 사건들은 이전에 존재하던 구조적 폭력과 불평등을 그대로 보여주거나 극대화시킨 것이다. 엄청난 충격의 사건들로부터 발생하는 정당한 요구들은 그 이전에 존재했던 많은 문제들을 더 크게 만든다.

지속되는 트라우마

트라우마가 지속되는 환경, 즉 하나의 엄청난 충격의 사건 후 몇 달 동안 건강하게 여겨지지 않는 특징들이 계속 존재한다면,

이것은 지속적이고 복합적인 트라우마ongoing or multiple trauma에 적응하도록 만드는 불길한 징조일 수 있다.18) 예를 들어, 전쟁 지역에서 순찰을 도는 것이라든가, 군대가 주둔하는 지역에서 계속 살 수밖에 없을 때, 그리고 범죄로 고통 받는 마을에서 살아가야 할 때, 사람들은 경계를 늦추지 않는다. 감정적인 무감각과 부정은 어른들로 하여금 희망 없는 상황에서 일을 하도록 만들고, 약탈이 벌어지는 상황 하에서 아이들이 학교를 가도록 만든다.

트라우마는 공동체를 강하게 하기도 하며, 서서히 몰락하게 할 수 있다.

아마도 이러한 환경에 적응하는 것이 '정상적인normal' 상황으로 받아들여질 수 있을지는 모르겠지만, 그것이 곧 건강한 것을 의미하는 것은 아니다. 장기화된 스트레스에 대한 반응은 우리 자신에 대한 생각, 우리에게 상처를 준 사람들을 바라보는 시각, 다른 사람과의 관계, 우리의 감정을 조절하는 우리의 능력 및 의미의 체계를 변화시킨다.

주디스 레비스 헤르만Judith Lewis Herman은 한 번의 트라우마를 경험한 사람들은 종종 자신의 마음을 잃게 될지 모른다고 느끼지만, 장기적으로 지속되는 트라우마를 겪은 사람들은 종종 그들이 자아를 완전히 잃어버릴지도 모른다는 느낌이 있다고 보고하였다.19) 이것은 사람들의 건강, 그 사회 조직력의 회복, 미래 세대

의 희망에 지대한 영향을 미친다는 것을 의미한다.[20]

트라우마가 지속되는 어떤 상황 하에서, 공동체에 대한 강력한 의지는 사람들을 하나로 묶고 서로를 돕게 한다. 다음 설명에서 살펴보겠지만, 이와 반대되는 상황도 일어날 수 있는데, 이는 정치적, 경제적, 사회적 불안에 사람들을 구속시켜 사람들 사이에 존재하는 신뢰를 완전히 파괴시키는 모습이다. 이러한 상황에서는 사람들이 서로를 의심하거나 특히 서로 다른 사람들에게 강한 적대감을 품게 된다. 때때로 정치인들은 의도적으로 불신을 조장하기도 한다. 불안이 야기되고 정체성이 위협을 받게 되면, 사람들은 자기 자신의 동족들 혹은 종교나 인종이나 가문 등으로 긴밀하게 연결되어 있는 공동체로 되돌아갈 것이기 때문이다.

대규모 트라우마

집단 및 사회 전체에 직접적으로 영향을 미치는 대규모 트라우마는 자연재해, 인재, 주도면밀한 계획 하에서 자행되는 상해, 혹은 이러한 모든 것이 한꺼번에 일어날 경우에 발생한다. 그 예로 허리케인 카트리나와 2004년의 쓰나미 사건을 들 수 있다. 바믹 볼칸Vamik Volkan은 몇 십 년 동안 대규모의 집단들 간에 존재하는 사회정치적 갈등 문제를 다루어 왔고, 전 세계 여러 지역에서 발생한 대규모 트라우마가 현재와 미래의 사회에 미치는 영향을 연구를 해왔다.

**가장 힘든 트라우마는
다른 사람들에 의해
의도적으로 일어난
트라우마다.**

볼칸은 충격, 혼동, 무질서, 생존자들의 수치심, 지난 몇 달 혹은 몇 년 동안 죽음과 파멸에 대해 갖게 된 각종 이미지들에 대한 선입견들 등 자연재해에 대한 일반적인 반응들을 자세하게 기술하였다. 생존자들은 '어머니인 자연Mother Nature'에 대한 신뢰를 잃을까봐 두려워하거나 망설였던 경험이 있다고 표현하였다. 슬픔과 애도의 시간을 보낸 후에, 새로운 쇄신이 일어났다.[21] 엄청나게 큰 자연재해의 영향이 얼마나 오랫동안 이들의 생각에 영향을 미쳐왔는지 분명히 보여주는 것이었다. 2004년의 쓰나미와 허리케인 카트리나와 같은 엄청난 범위에 걸친 비극은 아주 오랫동안 영향을 미칠 것이다.

체르노빌 원전 사고나 아주 형편없이 지어진 아파트 건물 붕괴 사고, 혹은 미국 뉴올리언스의 해안 제방 붕괴사건과 같은 인재에 대한 비난은 아주 몇 안 되는 개인과 회사 혹은 정부 기관을 대상으로 쉽게 투사된다. 비록 다른 사람들이 탐욕과 직무유기 등의 죄목과 함께 재난의 공범자가 되긴 했지만, 그 어느 누구도 의도적으로 그러한 재난을 야기하려고 하지 않았다는 시각에는 아무런 차이가 없었다. 피해에 대한 손해배상은 피해를 입은 사람들이 자신의 권리가 어느 정도 복원된 것을 느끼게 해준다.[22]

과거는 죽지 않았다.
사실 과거는 지나간 것도
아니다.

– 윌리엄 포크너 (William Faulkner)

볼칸에 따르면, 가장 힘든 트라우마는 다른 사람들에 의해 자행된 의도적 트라우마라고 한다.23) 의도된 상해가 가져다주는 비정함은 사람들에게 지대한 영향을 미친다. 종종 이러한 것은 피해자들이 반응을 하게 됨으로써 폭력의 악순환이라는 예측 가능한 일련의 반작용을 낳기도 한다. 우리는 공포, 격분, 무기력, 굴욕, 점증하는 집단의 정체성, 권리회복 등 여러 가지로 반응한다. 우리는 정의를 요구하며, 우리에게 필요한 정당한 요구가 무시될 때 복수를 계획하기도 한다. 정의가 실현되지 않으면, 의도적인 악행이 '선택적 트라우마' chosen trauma나 혹은 이미 한 세대에서 다른 세대로 전이되는 트라우마로 이어져 그 집단의 정체성으로 자리하기도 한다. 이러한 선택적 트라우마는 '다른' 사람에 의해 잘못 인도된 강박관념이나 집착을 낳게 된다.24)

이러한 트라우마의 영향들이 어떤지는 '트라우마의 악순환; 치유되지 않은 트라우마'를 설명하게 될 다음 장에서 상세히 살펴보게 될 것이다.

4. 트라우마의 악순환: 치유되지 않은 트라우마

"치유되지 않은 고통은 전이된다."
—리처드 로어Richard Rohr

쓰나미에 의한 것이든 테러리스트들에 의한 것이든 폭력이 안전에 대한 우리의 믿음을 산산이 부수어 버릴 때, 우리는 기로에 서게 된다. 이러한 기로에서 우리는 인생의 의미를 다시 생각해보거나, 회복에 대한 이해가 전환되는 경험을 하게 된다. 이에 대한 내용은 다음에 나오는 제5장에서 집중적으로 다룰 것이다.

이번 장에서 우리는 기로에 서 있는 사람들이 아주 쉽게 선택하는 길에 대해 살펴보고자 한다. 즉, 사람들이 통상적으로 드러내는 트라우마에 대한 반응의 형태로서 희생 혹은 폭력을 통해 파괴적인 악순환이라는 또 다른 길을 걷는다는 사실을 철저하게 살펴보고자 한다. 이러한 선택의 결과는 개인 혹은 사회의 병폐, 죽음, 상해, 반역, 전투 및 전쟁 등을 중계하는 방송이나 이야기들에 영향을 받는다. 고통, 불의, 공포, 절망, 무기력, 수치, 굴욕, 격노, 보복 및 원한 등의 사건을 다루는 이야기나 방송의 주제들이다.

프레드 러스킨Fred Luskin은 이러한 반복적인 이야기들을 '고통스런 이야기들grievance stories'이라고 불렀다.25) 끊임없이 고통스런 이야기들을 뱉어내는 사람들과 집단들은 거기에서 쉽게 헤어 나오지 못한다. 이전 장에서 이미 논의했던 것처럼, 트라우마에 대한 이러한 사람들의 일반적이며 통상적인 반응은 피해 혹은 폭력이라는 악순환을 견뎌 나가는 모습이 될 뿐이다.

74쪽에 나타나 있는 원수/가해자 사이클Enemy/Aggressor Cycle을 사용하여 우리는 복잡하게 얽혀 있는 여러 요인들을 치유되지 않은 개인과 집단 트라우마의 사이클과 비교하여 살펴볼 것이다. 우리는 어떻게 이러한 것이 고통 받는 사람들을 여러 달, 여러 해, 더 나아가 세기에 걸친 보복과 폭력이라는 끔찍한 사이클로 연결시키는지 살펴볼 것이다. 그러나 치유되지 않은 트라우마를 올바로 이해하고자 통상적으로 사용하는 외상 후 스트레스 장애Post-traumatic stress disorder, PTSD라는 단어를 먼저 살펴보고자 한다.

외상 후 스트레스 장애PTSD라는 틀을 통해 치유되지 않은 트라우마 정의하기

외상 후 스트레스 장애PTSD란 심각한 트라우마 증상을 1개월 이상 보인 사람들에게 의료진과 정신건강 전문가들이 붙인 병명이다. 외상 후 스트레스 장애는 끊임없이 다시 경험하는 트라우마 사건, 사건과 연관된 자극에 대한 지속적 회피, 일반적인 반응에 대한 무감각, 그리고 지속적으로 점점 더 심해지는 제반 증상을 포함한다.[26]

이러한 진단이 얼마나 유용한지, 그리고 대규모 사건과 지속적인 트라우마를 겪은 사람들 특히 서구 사회에 속하지 않은 사람들에게 이러한 진단을 얼마나 적절하게 사용할 수 있을지에 대한 토론은 아직도 진행 중이다. 일반적으로 이러한 진단에 대해 정신과 보호가 필요하거나 심각한 증상을 보이는 사람들은 아주 소수에 불과하다. 그렇기 때문에 어떤 사람에게 PTSD 진단을 일반화시켜 사용하는 것은 트라우마 상황을 지나치게 병리학적으로 보는 것처럼 비칠 수 있다.

만약 PTSD가 트라우마의 측정기준이 된다면, 전체 인구 내에서 드러나는 트라우마 반응 또한 과소평가되거나 축소화되는 위험이 있다. 이미 우리가 살펴본 것처럼, 트라우마는 몸, 마음, 정신에 영향을 미친다. 지속적인 트라우마가 진행되고 있거나 혹은 지금 막 트라우마를 일으킬 만한 사건에 연루된 개인과 사회는, 심각한 외상후 스트레스 장애를 보일 수도 있고 일반적인 반응만을 보일 수 있을 것이다.

인간은 엄청나게 강인한 존재이다. 실제로 많은 사람들은 문제들을 잘 다루며 살고 있다. 그러나 만약 트라우마가 제대로 표현되지 않거나 트라우마가 지속적으로 진행되면, 많은 사람들이 마치 감정이 없거나 눌려 있는 무감각의 상태를 경험하거나, 내면적으로 초긴장 상태를 유지하는 상태를 오갈 수 있다. 예를 들어, 학교를 잘 다닌다거나 일을 잘하는 등 기본적인 기능들을 잘 수행해 나갈 때는 외상 후 스트레스 장애의 '증거'를 보이지 않는다. PTSD의 증거는 관계의 질quality과 몇 달, 몇 년, 혹은 몇 세기 동안 나타날 개인, 공동체 및 사회의 행동을 통해 알 수 있다. 트라우마 사건이 일어난 후 개인, 집단, 혹은 사회 안에서 어떻게 활동이 재개되는지 살펴보아야 한다.

사건의 재연 및 사건 유발

재발 행동들, 즉 치료되지 않은 트라우마 에너지가 자아를 향해내면적 활동 혹은 다른 사람을 향해외면적 활동 나타나게 된다면, 이것은 불행의 징후이며 트라우마가 치료되지 않았다는 표시다.67 쪽를 보라. 27) 이러한 문제의 증상들은 종종 무의식적으로 그 트라우마 사건이 일어난 시기에 다시 발생한다. 역설적이지만, 트라우마의 영향 및 문제를 해결하려는 시도가 트라우마를 재연하도록 만든다는 점이다. 재발하는 행동들은 건강을 위한 주된 관심사가 되며, 사람들과 집단들은 사회심리 및 영적인 도움을 필요로 하는

사건 재연의 예들

내면적 활동

(트라우마 에너지를
자기 자신으로 투사함)

외면적 활동

(트라우마 에너지를
다른 사람에게 투사함)

• 약물남용	• 가정 폭력
• 과식 혹은 먹지 못함	• 아동 학대
• 자아 훼손	• 폭력 행위
• 우울증	• 범죄 행위
• 불안	• 위험수위의 행동
• 일 중독증	• 공격적 행동
• 신체적 질병	• 반복적인 갈등
• 자살	• 전쟁

개인 혹은 사회에 나타나는 또 다른 징후들

• 냉담시민으로서의 삶, 정치, 성장에 대해 냉담하게 되며, 낮은 성과를 보임.

• 왜곡된 의사소통 침묵, 진리를 무시함.

• 차이를 인식하지 못하고 동정심이 없음.

• 양자택일적 혹은 이분법적 사고방식

• 신뢰를 이행하지 못함

• 환경을 훼손함

• 성적 기능 장애 및 매춘 비율이 높음

• 약을 복용하는 비율이 높음

것으로 나타나기도 한다.

　치유되지 않은 트라우마의 영향들은 종종 냄새, 몸짓, 목소리의 높낮이, 집단의 역동성, 혹은 상징과 같은 외관상 아주 작은 사건에 대해 의식적 혹은 무의식적인 기억의 자극을 받아 갑작스럽게 반응하는 것으로 보일 수도 있다. 이것을 두뇌의 로우모드 low-mode라 한다. 제대로 표현되지 않은 트라우마 기간이 길면 길수록, 반응하는 데 결핍증이 생겨 얼기설기 엉켜 있는 신경회로들이 보다 더 강해진다. 치유되지 않은 트라우마에 의해 발생하는 초유의 경계상태가 지속되는 동안 우리의 뇌는 비이성적이 될 수 있으며, 다른 사람이나 혹은 집단의 친절한 행동까지 '위협'을 의미하는 것이 될 수 있다.

손상된 기능

　우리가 살펴보고 있는 것처럼 트라우마는 한 개인의 사고와 감정을 관장하는 안전두피질眼前頭皮質, orbitofrontal cortex의 능력을 붕괴시킨다. 신경생물학계의 보고들은 집단이나 사회에 초점을 맞추기보다는 기본적으로 개인에 초점을 맞추고 있다. 그럼에도 마르다 카브레라Martha Cabrera와 바믹 볼칸Vamik Volkan의 대규모 혹은 지속적인 트라우마를 겪은 집단에 대한 설명은 모두 개인의 손상된 기능의 설명과 매우 유사하다.

제3장에서 우리는 손상된 기능이 대뇌변연계의 공포에 대해 어떻게 반응하며, 보다 유연하게 다른 사람들의 고통에 대해 동정을 표하고, 자기를 의식하고, 윤리적이고, 이타적으로 행동하는 것을 포함한 여러 감정들을 조절하기 위해 어떻게 반응하는지 살펴보았다. 니카라과의 카브레라는 수 십 년 동안의 갈등을 겪고 난 사람들에게서 의사소통의 능력 저하, 유연성 및 포용력 부족, 타인에 대한 신뢰감 결여를 목격하게 되었다. 또한 그녀는 냉담, 소외, 공격, 신체적 고질병, 증가하는 가정폭력 및 자살, 다른 시각으로 역사를 보는 능력이 현저히 저하되는 것을 목격하였다.28)

볼칸Volkan이 관찰한 바에 따르면, 광범위한 트라우마와 갈등이 존재하는 사회는 자기 자신의 고통을 넘어서 다른 사람의 고통을 동정할 능력이 없다는 점을 발견하였다. 존 맥John Mack은 이러한 증상을 '피해에 의한 자기중심주의'egoism of victimization 29)라고 명명하였다. 이러한 피해자는 일말의 죄의식도 없이 보복을 생각하게 되며, 결국 자기 자신의 행동에 의해 생겨날 또 다른 고통과 피해자들에게 책임지지 못할 보복을 하게 된다.30)

끝나지 않은 슬픔

개인적인 상실에 대한 것이든 테러리즘의 결과에 대한 것이든, 아니면 자연재해에 대한 것이든, 건강한 방식의 애도 및 슬픔의 표출은 트라우마 치유에 매우 중요한 요소가 된다. 애도는 우선 참을 수 없는 고통으로부터 우리 자신을 무장해제하게 하며 우리의 무기력, 무감각, 혹은 억압을 해체하도록 만든다.

슬픔 및 애도는 얼어붙은 우리의 몸과 마음과 정신을 녹여주며, 그 결과 우리로 하여금 좀 더 창조적으로 생각하고, 감정을 충분히 느낄 수 있게 하며, 다시 앞으로 나아갈 힘을 부여해 준다. 그러나 종종 수많은 이유는 슬픔이 제대로 표출되지 못하도록 방해한다.

첫째로, 우리가 부정하고 싶은 감정의 강도가 너무나 커서 슬픔을 적절히 표현하지 못하게 하는 무감각을 어떻게 표현해 낼 것인가 생각해 보아야 한다. 죽음과 같은 충격이 그 예이다. 죽음에 대한 소식을 접할 때, 그 감정의 범위는 굴욕감에서부터 격노, 공포 및 절망에 이르기까지 다양하다. 그러므로 좀 더 강해지려고 애쓰고, 어려움을 '극복하고자' 앞으로 나아가려고 시도하는 만큼 트라우마는 더 억제된다. 한편 분노는 종종 드러나지 않은 내면에서 부글부글 끓어오른다. 두뇌에 대한 연구에 따르면 분노는 슬픔의 감정을 억제하며, 더 나아가 애도의 과정을 더욱 복잡하게 만든다는 점을 보여주고 있다.

둘째로, 무엇을 슬퍼해야하는지 알지 못하는 상황에서 우리는 제대로 애도할 수 없다. 아마도 정말 '우리 편'이 패배하였고, 표정관리가 안될 수도 있다. 아마도 우리가 '이겼지만,' '상대방'에게 우리 내면의 패배감을 들키면 어쩌나 하는 두려움을 느끼게 될지도 모른다. 어떤 경우에는 일어난 일에 대한 진실을 아는 것이 마지막 남은 희망의 보루를 무너뜨리는 것처럼 보일 수도 있다.[31]

셋째로, 일어난 일을 제대로 인정하는 것은 진리를 드러내며 실천하는 행위로서 사회적, 경제적 혹은 정치적 질서를 위협하는 것이 될 수 있다. 예를 들어, 가족들은 그들이 속한 세상이 전복될까봐 두려운 나머지 종종 본질과 잘못된 상황을 최소화하기도 한다. 때로는 문제를 드러낸 사람을 공격하기도 한다. 국가적 차원에서 잔학한 행위를 한 사람들 혹은 수치스러운 모습으로 정치에 가담한 사람들에게는 매국노라는 딱지가 붙을 수도 있다. 더 나쁜 경우에는 그들에게 침묵강요, 직위해제, 혹은 죽음까지 가해질 수 있다.

넷째로, 도대체 무슨 일이 일어났는지 알지 못할 수도 있다. 해결되지 않은 범죄, 포로로 잡혔거나 탈영한 병사들, 자살 혹은 어디에 있는지 파악이 안 되는 포로들이 처한 상황이 대표적인 예이다. 이러한 상황을 폴린 보스Pauline Boss는 사랑하는 사람들과 폭넓은 사회 속의 '애매한 애도'ambiguous grief 혹은 '표현되지 못한 슬픔'frozen sadness이라고 불렀다.[32] 마치 생존자들이 사실을 알기 원하는 것처럼, 진리를 인정하는 것은 마치 정보를 입수하는 것이 가능한 때에만 일어날 수 있는 것이다.

다섯째, 슬픔과 애도는 중동이나 서부 아프리카의 사건들처럼 트라우마 사건이 지속적이거나 아주 첨예한 모습으로 존재할 때에도 방해를 받을 수 있다. 매일 매일 안전을 둘러싼 모든 주제의 초점은 생존일 뿐이다.

여섯째, 2004년의 쓰나미처럼 일반 문화적 혹은 종교적 과정과 장례식조차 없이 시행된 애도는 사랑하는 고인의 시체가 없을 때, 혹은 대량 묘지에 장사된 가족을 보는 것으로 인해 영향을 받기도 한다.

마리는 자신의 이야기를 다음과 같이 풀어놓았다.

그들이 다시 비행기가 뜰 수 있도록 허락하자마자, 나는 뉴욕으로 돌아왔어요. 아무도 없는 상황에서 우리가 무엇을 어떻게 해야 하는지 경험하게 되었어요. 나는 오빠를 화장하고 남은 재를 단지에 넣었지요. 나에게 오빠의 화장 재를 바라보는 것은 별 문제가 되지 않았어요. 그러나 오빠의 장례 과정 전체가 나에게 어떤 영향을 미치게 되었어요. 사실 거기에는 시신도 없었고, 무덤도 없었어요. 집에서 멀리 떨어져 있는 어떤 사람이 죽었을 때, 혹은 엄청나게 많은 사람들의 시신을 확인하지 않고 묻거나, 혹은 아무런 흔적조차 남기지 않고 장례를 치렀을 때, 그런 과정 자체가 이해하기 어려웠습니다.

슬픔을 표현하지 못하도록 방해하는 장애물들
- 감정에 압도될지 모른다는 두려움
- 일어난 사건을 제대로 대하지 못함.
- 알려진 '질서에 대한 위협
- 알려지지 않은 진실
- 지속적인 트라우마
- 일반적인 의식을 수행할 능력이 없음.

제대로 애도할 수 없게 된 이유가 어떻든지, 충격으로 인한 슬픔의 결과는 치유를 방해하고, 보다 더 많은 사람들의 감각을 무디어지도록 두뇌상태는 로우-모드로 전환된다는 사실이다. 일반적인 두려움은 공포와 심한 공황 상태로 변할 수 있으며, 고통을 절망으로, 분노를 격분으로, 굴욕과 수치를 비정상적인 억울함을 호소하도록 바꿔놓을 수 있다. 정의를 추구하는 것은 보복이나 복수와 많이 혼동될 수 있다. 만약 앞의 3장에서 언급했던 정의에 대한 요구가 제대로 성취되지 않는다면, 이러한 경향과 좌절감은 더욱 커지게 된다. 보다 더 무서운 것은 그 의미를 찾기 위해 이야기를 하는 동안 우리가 피해자/생존자의 상황에서 가해자/공격자로 되기 쉽다는 것이다.

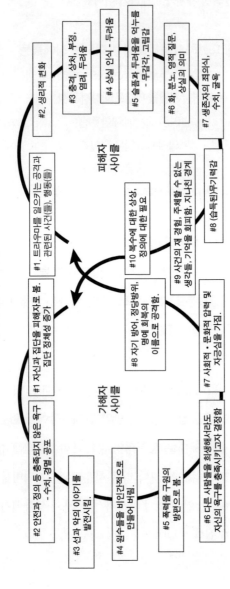

가해자 및 피해자 순환 주기

피해자 사이클

#1. 트라우마를 일으키는 공격과 관련된 사건(들, 행동들)

#2. 생리적 변화

#3. 충격, 상처, 부정, 멍해, 두려움

#4 상실 인식 - 두려움

#5 슬픔과 두려움을 억누름 - 무감각, 고립감

#6 화, 분노, 영적 질문, 상실의 의미

#7 생존자의 죄의식, 수치, 굴욕

#8 (통제)무기력감

#9 사건이 재 경험, 주체할 수 없는 생각들, 기억을 회피함, 지나친 경계

#10 복수에 대한 상상, 정의에 대한 필요

가해자 사이클

#1 자신과 집단을 피해자로 봄. 집단 정체성 증가

#2 안전과 정의 등 총족되지 않은 욕구 - 수치, 경멸, 공포

#3 선과 악의 이야기를 발전시킴.

#4 원수들을 비인간적으로 만들어 버림.

#5 폭력을 구원의 방편으로 봄.

#6 다른 사람들을 희생해서라도 자신의 욕구를 총족시키고자 결정함

#7 사회적·문화적 억눌 및 지원을 가짐.

#8 자기 방어, 정당방위, 명예 회복이라는 이름으로 공격함.

1988년에 출간된 《용서 및 화해(Forgiveness and Reconciliation》(올가 보차로바 Olga Botcharova)에 의한 모델을 근거로 허락을 받고 사용함. 보차로바의 모델을 수정한 이 모델은 2002년 이스턴메노나이트 대학교의 정의와 평화 건설 센터(the Center for Justice and Peacebuilding, CJP)에 의해 제시되었으며 허락을 받고 사용함.

원수/가해자 사이클[33]

일상의 삶을 산산조각 부숴버리는 트라우마를 경험하면, 우리는 이미 일어난 일을 이해하기 위해 설명할 방법들을 찾는다. 우리는 일어난 사건들에 대해 의미를 부여하면서 실제로 일어난 사실을 있는 그대로 되짚어가며 이야기하거나 좀 더 그럴 듯한 모습으로 이야기를 꾸며나간다. 위협, 공포, 비탄, 하고자 했던 일들에 대해 우리는 종종 무의식적으로 비슷한 이야기로 상황을 설명하거나, 주어진 이야기를 따라간다. 다음은 이러한 상황에 처할 때 우리가 가장 쉽게 의존하는 이야기의 두 가지 유형이다.

통상적인 이야기들:
• 선과 악   • 구원을 위한 폭력

이야기를 듣다보면, 대부분의 이야기들이 아주 논리적이고 멋있게 들린다. 그러나 잘 들어보면 대부분의 이야기들은 말하는 사람의 신경회로 내에 이미 존재하는 친숙한 것들이다! 그러나 74쪽의 도표는 동일한 모델처럼 보이지만 완전히 다른 원수/가해자의 사이클 모델이다. 두 번째 사이클은 어떻게 의미 있는 이야기들이 가정, 공동체, 국가 및 다음 세대로 이어지는 폭력의 악순환으로 연결될 수 있는지를 잘 드러내주고 있다.

두 번째 모델은 행동으로 나타나는 반응이다. 언뜻 보기에 이 것은 테러리스트의 공격 상황과 매우 유사하다. 그리고 한편으로 는, 자연재해 및 구조적 폭력을 경험한 사람들에게 나타나는 상 황과도 매우 유사한 역동성을 나타낸다.92~93쪽에 기록되어 있는 진 핸 들리(Jean Handley)의 이야기를 보라.

비록 원수/가해자 사이클이 피해자/생존자 사이클보다 쉽게 예 측할 수 있을 것처럼 보이지만, 단지 몇 가지의 상황들이 일련의 수순을 따를 뿐이다. 각 단계 앞에 붙어 있는 숫자는 이전과 마찬 가지로 책의 설명을 쉽게 하기 위해 붙여 놓은 것이다. 사이클 도 표에 있는 개념들은 원래 대규모 갈등에 적용하기 위한 것인데, 이 부분은 뒷 장에서 다시 자세히 다룰 것이다. 물론 이 개념들이 대규모 갈등을 위한 것이긴 하지만, 아주 심한 이혼 갈등과 같은 개인적인 갈등에도 적용할 수 있다.

> **몇 세기 전에 일어난 일이**
> **마치 최근에 일어난 일인 것처럼**
> **큰 영향을 미치기도 한다.**
>
> 더글러스 베이커(Douglas R. Baker) 35)

원수/가해자 사이클은 트라우마에서 피할 수 없는 반응이 아니 라, 오히려 너무나 일 상적으로 나타나는 반 응이라 할 수 있다. 사실 볼칸은 이러한 반응들을 인종 분쟁, 국 가 분쟁 혹은 종교 분쟁, 혹은 전쟁이 있는 곳에서 강력하게 드러나는 '집단 심리 예배의식'라고 칭했다.34) 두 번째 사이클은 치유가 제대로 진행되지 않을 때나, 혹은 집단 구성원들이 뭔가 잘못한 것이 있기 때문에 피해자가 되었다는 식으로 이해할 때 나타나는 행동이다.#1 희생자가 되었다는 느낌은 선택적 트라우마 혹은 역사적 사건으로부터 비롯될 수도 있으며, 또는 이전에 안전했던 집단의 자긍심과 정체성이 뜻밖의 공격을 당하거나 도발적인 위협에 의해 종지부를 찍게 된 최근의 위기상황으로부터 온 것일 수도 있다.

그것이 어떻게 시작되었는가와 상관없이, 집단이 겪는 안전에 대한 위협 수위가 높을수록, 집단의 멤버들은 자신들의 정체성에 더 큰 혼동을 겪게 될 것이다.#2 '우리와 그 사람들'이라는 표현이 보여주듯 관계의 분리가 점점 증가하거나 심화되며, 이러한 것은 국기, 애국가, 옷, 음식 및 여타의 관습과 같은 집단 내의 상징과 애국심 등을 통해 표현될 것이다.

선악을 근간으로 구성된 이원론적 이야기들

집단들은 긴장을 요하는 환경 조건에서 무슨 일이 일어났는지 설명하고 자신을 정당화하기 위해 별 생각 없이 선과 악을 구별 지으며 이야기한다.#3 이러한 이야기들은 인간의 선을 빼앗아간 악당들에게 자신들이 원하지 않는 내면의 악한 모습을 투사한다는 '선한' 측면이 있다.[36] 악한 모습을 다른 사람에게 투사하는 것은 '선한' 모습으로부터 오는 관심을 갈등으로, 혹은 자신의 기능장애 혹은 사회 내부의 질병으로 전환하는 것이다. 본질적으로, 이러한 투사는 '다른' 사람을 희생양으로 만든다.

리더들, 미디어 및 지각없는 시민들은 자신의 생명을 담보하게 될 때까지 선과 악의 이야기를 지속해 나갈 수 있다. 이러한 이야기들은 한 집단의 전체적인 정체성을 형성하게 되면서 선택적 트라우마로 드러날 수 있다. 일단 문화에 이미 깊숙이 자리한 트라우마 이야기를 없앤다는 것은 매우 힘들다.

이미 형성된 이야기들을 통해 무시되는 것이 있다면 그것은 진실이다. 진실은 왜곡되고 동기는 아름답게 치장되며, 영웅과 전사들이 등장하게 된다. 따라서 그 사회 속에 이미 형성되어 있는 이야기를 부정하는 것은 반역으로 보인다.

한 집단 혹은 한 나라가 선과 악의 이야기를 채택하게 될 때, 다른 사람을 쉽게 악마로 만들거나 비인간적으로 만들어 버리는 상황이 발생한다.#4 '테러분자들' 혹은 '악의 축'과 같은 표현들이나 '무신론자' '이교도들'과 같은 표현들은 마치 '잔인하고' '병적이고' '동물 같으며' '야만적인' 모습으로 이들을 보게 한다. 일단 '어떤' 대상이 비인간적이거나 악한 존재로 규정되면, 이들을 위한 생명의 존엄성이라는 도덕적 표준은 더 이상 적용되지 않게 된다. 그러므로 아주 위험스러우리만큼 단순화한 분석에 의해 아주 단순화된 해결책이 제시되기 쉽다. 만약 악한 사람들이나 악한 집단들이 원인이라면, 문제 해결은 그들을 우리와 분리시키거나, 제거하거나, 더 나아가 죽여 버리는 모습으로 나타난다.

구원을 전제로 한 폭력적인 이야기들

둘째로 가장 많이 들려지는 이야기 유형은 고대로부터 전해지는 구원을 전제로 한 폭력 이야기이다. 여기서 폭력은 반드시 폭력을 이기는 모습이어야 한다.#5 폭력은 우리를 안전하게 해주며, 우리를 자유롭게 해주며, 자긍심과 명예심을 회복시켜 주는 위대한 힘이다.37) 램의 이야기에서 그는 다음과 같은 이야기를 우리에게 들려주었다.

'이미 있던 트라우마'가 마을과 부족들을 통째로 삼켜버렸지요. 그들은 자신들을 피해자로 만든 사람들에 대해 보복하는 행위를 정당화했고, 동료 시민들을 고통 받아 마땅한 '그놈들'로 규정하였지요. 예를 들어, 대부분의 사람들은 '우리가 그들에 의해 고통을 받았기' 때문에 그들을 '초토화'시킬 군대 전략을 정당화하였어요. 모든 북부 사람들은 죽어 마땅한 '애니아니아' anya-nya; 수단 남부 지역에서 분리주의를 지지했던 반군으로' 뱀의 독이란 의미가 있다. – 역주 살인자들로 매도되었어요. 아무 잘못도 없

는 사람들의 목에 자동차 바퀴를 걸어 놓고 불태우는 등 아주
잔악한 방법으로 사람들을 죽였습니다.[38]

질 베일리Gil Gailie와 다른 사람들이 말한 것처럼, 구원을 전제로
한 폭력 이야기는 얼마든지 미래에도 '다른 사람들'을 향한 폭력을
정당화하는 식으로 적용될 가능성이 있다. 또한 이러한 이야기는
과거의 지나간 사건이지만 현재의 상황을 설명하거나 정당화하는
모습으로 사용될 것이다.[39]

리더의 역할

안전에 대한 위협은 집단과 국가들에 의해 언급되고 있는 실제
이슈이다. 그러나 리더들과 시민들이 지나칠 정도로 주의를 집중
하고 감정을 고조시킬 때, 실제로 존재하는 위협의 정도를 제대로
측정하기란 매우 어렵다.[#6,7] 볼칸Volkan이 지적한 바대로, 비록 이
러한 상황이 의도적으로 조장되는 것은 아니지만, '사악한 리더들
malignant leaders'은 다음과 같은 방식으로 사람들을 염려와 공포로 몰
아간다.[40]

- 위험을 극대화시킴.
- 실재 사실을 애매하게 하고 환상을 심어줌.
- 분명하지도 않은 잠재적인 위험들을 아주 중요하고 급박한

이슈로 끊임없이 각인시킴으로써 여론을 가로막음.

- 사실, 목표 및 상황을 알리지 못하게 하거나, 왜곡하거나, 거짓 유포하거나 조작함.
- 중상이나 모략을 일삼음.
- 다른 의견을 매국노나 반역자로 매도함.
- '우리/그들us/them'과 '선/악'이라는 이분법적인 용어를 사용함으로써 상대를 비인간화 함.

자발적으로 리더들을 따르거나 집단으로 반응할 때, 트라우마의 상황을 어떻게 인식하는가는 실제 사실 못지 않게 중요하다. 위협에 대한 인식이 크면 클수록, 집단의 정체성 혹은 민족주의에 대한 느낌 또한 더 강해지며, 그 사람이 갖고 있는 동기나 나라를 위해 목숨까지 아끼지 않는 행동의 가능성은 점점 더 커지게 된다. 또한 인지된 위협이 크면 클수록 우리 자신의 고통 외에는 다른 것을 보지 못하거나 우리 자신의 고통에만 집중함으로써 생기는 '자기중심적 피해자가 될 가능성'은 더 커지게 되며, 그럼으로써 우리 자신이 다른 사람들에게 주는 고통을 보지 못할 가능성 또한 더 커지게 된다.41)

다중트랙외교기관the Institute for Multi-Track Diplomacy의 공동설립자인 루이스 다이아몬드Louise Diamond는 이러한 상황을 다음과 같이 설명한다.

저는 세계 도처에서 정치적 리더들이 공포를 조장하여 자기 국민들을 통제하는 모습을 보아왔습니다. 사실 이것은 권력을 유지하기 위해 확실한 결과를 원하는 사람이 일반적으로 사용하는 정치적 전술입니다. 그것은 인간의 정신 및 양심을 고양시키기보다는 가장 품격이 낮은 곳으로 이끌어갑니다. 그들은 사람들에게 공포의 안개 속을 걸어가게 만들며, 희망이 없는 상황을 지속시키고, 결국 민주주의가 이루어지지 못하도록 방해하며, 인류 사회와 인류의 정신이 발전하지 못하도록 가로막습니다.[42]

트라우마를 겪는 개인, 집단 및 국가들은 마치 그 신화적 드라마가 끝나지 않을 것인 양, 이러한 고전적 이야기들을 끝까지 고수한다. 살아 있는 현상, 두뇌의 로우-모드 기능, 집단 부정, 열등한 본성, 트라우마의 재발, 죄, 혹은 집단의 생각 등 우리가 이러한 것을 무엇이라 부르든, 그 결과는 마찬가지다. 즉, '상대방'에 대한 공격은 자기 방어, 정당방위, 안전, 정의, 명예 및 자유라는 이름으로 정당화될 것이다.[#8]

그러나 우리가 간절히 바라고, 목숨까지 걸고 싸워서 이루고자하는 안전은 아주 장기적인 과정을 통해 이루어진다. 정당한 전쟁혹은 거룩한 전쟁을 표방하더라도 폭력은 오히려 더 많은 사람들과 사회를 공포로 몰아간다. 더 나아가 폭력은 모든 사람들에게 굴욕감을 느끼게 하고, 초긴장 상태로 만들고, 화, 두려움 및 슬픔을 느끼게 만든다는 사실이다. 폭력은 보다 더 많은 그룹들에게 정체성을 강화시켜주며, 선과 악이라는 이야기에 몰입하도록 만들며, 정의와 회복의 필요성을 더욱 갈망하게 한다. 폭력은 새로운 원수/가해자라는 폭력의 사이클을 반복하게 함으로써 피해자/생존자 사이클을 가속화시킨다. 그리고 매일 뉴스에서 볼 수 있듯이, 보복에 보복을 반복하는 또 다른 이야기를 좀 더 새롭게 구성하도록 한다. 다음은 램의 이야기이다.

> 폭력은 대화하고 이해될 필요가 있는 정치적 이슈나 이에 대한 반응으로서 이미 제도화되어 있습니다. 보복에 대한 열망은 단지 폭력을 영원히 지속하게 할 뿐입니다.

세대 간의 사이클

일반적으로 잘 알려져 있는 속담과는 달리, 시간이 모든 상처를 치료해 주는 것은 아니다. 가족, 마을 및 국가의 치료되지 않은 트라우마는 한 세대에서 다른 세대로 이어진다. 그러한 트라우마는 우울증, 불안, 본질에 대한 의심, 가정폭력 및 아동학대 등을 내면화시키며, 결국 이것은 가족, 마을 및 사회 전체 시스템에 영향을 미친다. 세대로 이어지는 트라우마는 우리가 방금 이야기 한 과정을 통해 실행된다.

트라우마 다음 세대들은 어른들의 내면화된 모습과 겉으로 드러난 행동, 그리고 상처로 인해 멍들어 있는 모습들을 그대로 받아들이고 따르게 된다. 또한 그들은 조상들이 잃은 것에 대한 지속적인 슬픔이나 그로 인해 자신들도 피해자가 되었다는 느낌, 정의를 이루려는 노력, 혹은 복수하려는 노력 등 모두가 함께 '감당해야 할 중요한 임무들'을 갖고 있다. 이렇게 모두가 함께 감당해야 할 임무들에 대한 공통분모는 사회 전체의 기억에 생생하게 자리하고 있다. 일반적으로 첫 세대가 겪은 피해로 인해 효과적으로 다루지 못한 임무들은 조금 형태는 다르지만 그 다음 세대로 전달된다.43)

폭력은 종종 트라우마를 일으킨다. 그리고 트라우마는 사람들을 보다 더 폭력적이 되게 한다.

그러면 과연 안정되지 못한 시대와 상황에 처해 있는 개인과 사회는 이러한 피해와 폭력의 사이클에서 어떻게 벗어날 수 있는가? 어떻게 리더들특히 자신들의 국민들과 함께 트라우마를 겪는 리더들이 짧든 길든 폭력의 악순환이라는 사이클을 벗어나 안정된 사회를 이룰 수 있는가?

다음 장에서 우리는 끝없는 나락 속에서 확실한 길을 찾고 있는 사람들로부터 얻은 지도를 세밀히 살펴볼 것이다. 그 지도는 위협을 마주하는 데 수동적이지도 않고, 안전을 위한 방식으로 폭력을 선택하지도 않는 제3의 새로운 방식이 될 것이다.

5. 악순환 벗어나기:
치유와 안전으로의 여정

만약 당신에게 아주 끔찍한 일이 일어났다면, 혹은 사랑하는
사람에게 아주 끔찍한 일이 일어났다면, 당연히 그 대상을 미워
하고 보복하기를 원하거나, 몹시 괴로운 모습으로 반응할 것이
다. 그러나 문제는…우리가 무너뜨리고자 하는 원수들이 쉽사
리 무너지거나 쓰러지지 않으며, 오히려 보복하려는 행위가 그
들에게 영향을 끼치기보다는 우리 자신을 무너뜨리고 우리의
삶을 파괴한다는 점이다. 우리는 이러한 폐해가 무엇인지 인정
하고 이러한 폐해를 피할 수 있는 방법을 찾아야 한다. 그것이
바로 우리가 가야 할 길이요, 우리에게 필요한 여정이다.

– 마이클 랩슬리Fr. Michael Lapsley, SSM 44)

88쪽에 나타나 있는 악순환 벗어나기 모델의 세 번째 부분은 트
라우마 치유를 통해 안전망을 형성하며 여러 관계들을 변화시켜
나가는 과정에 대한 설명이다. 그야말로 이것은 혁명적 역설을
근간으로 하고 있다. 즉, 우리가 우리의 이웃, 친구 및 더 나아가
원수들이 제공하는 안전망으로부터 멀어질수록 더 안전하게 된
다는 혁명적인 역설이다. 여기에서 제시되는 생각들은 아주 완벽

한 것도 아니며 그 자체로 완전한 것도 아니다. 이러한 생각들은 폭력과 트라우마에 반응하고자 할 때 어떻게 하면 생명을 부여하는 방법을 발견할 수 있을까 하는 탐구 과정의 한 부분일 뿐이다.

싸움, 도망, 혹은 겁에 질려 얼어붙는 반응을 뛰어넘어 몸, 마음 및 정신을 치료하기 위한 반응에 지대한 관심을 둘 필요가 있다. 마르타 카브레라Martha Cabrera는 이러한 필요를 폭력을 경험한 개인, 마을, 사회를 위한 '감정적·정신적 재건' affective and spiritual reconstruction이라는 말로 묘사했다. 피터 레빈Peter Levine은 이를 치유 받은 사람들에 의해 경험된 회복력, 창조성, 협력의 정신 그리고 승리에 대한 느낌으로 표현하였다. 폴라 구트러브Paula Gutlove와 몇몇 사람들은 갈등을 자각하는 데 있어 심리학적 후원 및 사회의 후원 활동들이 필요하며, 사회가 좀 더 안정적이고 건강한 모습이 되도록 하기 위해서라도 사회심리적 치유가 중요하다는 점을 지적했다.45)

혁명적 역설:
우리의 친구들과 원수들의
안전을 도모할 때,
우리가 더욱 안전하게 된다.

스타 프로그램STAR에서, 우리는 다른 집단들을 공격하지 않으면서 위협에 반응하는 방식들을 찾는 데 온 사회가 굶주려 있다는 사실을 보게 되었다. 만약 전쟁을 통해 우리 자신을 방어하기 위해 사용하는 지적·물적 자원의 한

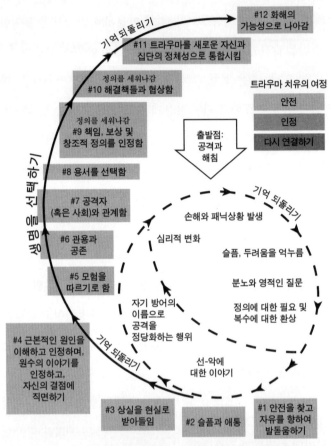

#12 화해의 가능성으로 나아감

기억 되돌리기

#11 트라우마를 새로운 자신과 집단의 정체성으로 통합시킴

정의를 세워나감
#10 해결책들과 협상함

트라우마 치유의 여정

안전

인정

다시 연결하기

정의를 세워나감
#9 책임, 보상 및 창조적 정의를 인정함

출발점:
공격과
해침

#8 용서를 선택함

#7 공격자 (혹은 사회)와 관계함

기억 되돌리기

손해와 패닉상황 발생

심리적 변화

생명을 선택하기

#6 관용과 공존

슬픔, 두려움을 억누름

#5 모험을 따르기로 함

분노와 영적인 질문

정의에 대한 필요 및 복수에 대한 환상

자기 방어의 이름으로 공격을 정당화하는 행위

#4 근본적인 원인을 이해하고 인정하며, 원수의 이야기를 인정하고, 자신의 결점에 직면하기

기억 되돌리기

선-악에 대한 이야기

#3 상실을 현실로 받아들임

#2 슬픔과 애통

#1 안전을 찾고 자유를 향하여 발돋움하기

트라우마 치유의 여정: 악순환 벗어나기

*이것은 모든 사례(예를 들어, 아동 성학대와같이 일어난 일에 대해 트라우마를 겪은 사람이 책임을 질 수 없는 경우)에 적용되지 않는다.

1988년에 출간된 ≪용서 및 화해Forgiveness and Reconciliation≫(올가 보차로바 Olga Botcharova)에 의한 모델을 근거로 허락을 받고 사용함. 보차로바의 모델을 수정한 이 모델은 2002년 이스턴메노나이트 대학교의 정의와 평화 건설 센터(the Center for Justice and Peacebuilding, CJP)에 의해 제시되었으며 허락을 받고 사용함.

부분이라도, 사회적 트라우마를 치유하고 일반 사람들 및 정부에서 일하는 사람들을 훈련시키는 데 사용하도록 준비하거나, 처한 위험에 반응하는 데 비폭력적인 방식으로 대응하도록 준비하는 것에 적극성을 보인다면, 모든 사람들이 훨씬 더 안전하게 될 수 있다고 믿는다.

모델 설정의 배경

다음의 내용을 읽기 전에, 여러분에게 추천하고 싶은 것은 88쪽에 나타나 있는 악순환 벗어나기 도표를 먼저 자세히 살펴보라는 것이다. 가운데의 원이 제시하는 사이클은 순환되는 희생과 폭력의 조합을 보여준다. 중간에 그려진 선들은 이러한 사이클이 언제든지 파괴될 가능성이 있음을 시사한다.

모델의 여러 부분들처럼, 이 이차원적 도표는 지속적인 안전과 트라우마 치유가 이루어지는 아주 복잡한 역동성을 모두 다 표현하지는 못하고 있다. 또한 이제 우리가 앞으로 진행할 토론 또한 개인적인 것에서 공동의 것으로 건너뛰는 듯한 느낌을 줄 수 있을 것이다. 이것은 개인적인 문제가 공동의 혹은 사회의 문제이기 때문이기도 하며, 공동 혹은 사회의 문제가 개인의 문제이기도 하기 때문이다.

안에 있는 원과 연결되어 밖으로 향하는 화살표 옆에는 숫자들이 매겨져있는데, 이것은 앞의 예들과 마찬가지로 이러한 진행 과정이 순차적으로 일어난다는 의미가 아니라, 이 책에서 설명을 좀 더 쉽게 하기 위한 것일 뿐이다. 달팽이 모양으로 되어 있는 도표는 그 자체로 이 과정이 몇 달, 몇 년, 혹은 몇 십 년이 걸릴 수 있다는 점을 나타낸다. 열두 가지 항목을 일일이 다 설명하는 것은 이 책의 범위를 넘어서는 것이지만, 이 모든 설명은 이제부터 우리가 토론하고자 하는 세 가지 주요한 주제들, 즉 안전Safety, 인정Acknowledgement, 그리고 재연결Reconnection이라는 큰 주제 속에 모두 들어 있다.46) 소책자Little Book 시리즈에 들어 있는 다른 책들을 살펴보면, 이러한 사이클에 대해 좀 더 자세히 설명되어 있다.47)

이 모델은 원래 사람에게 발생한 폭력에 반응하는 치유 과정을 설명하려는 시도로 마련되었다. 그러나 열두 가지 항목 중 몇 가지는 자연재해들에 적용가능하며, 자연재해와 연관되어 있는 정의의 문제를 다루고 있다.

안전: 자유를 향하여

안전은 트라우마 치유에 아주 기본적인 것이다. 안전은 위협과 공포에 대한 최선의 대책이다.48) 실제로 안전은 치유를 위한 전제조건으로 거의 항상 언급되는 것이기도 하다.

그러나 우리가 사는 세상에서 지속적으로 발생하는 수많은 갈등과 폭력의 상황들을 접하면서 늘 반복되는 한 가지 질문을 제기하게 한다. 만약 치유가 제대로 되려면, 즉 안전과 평화가 확실히 보장되는 치유를 기대한다면, 만약 치유되지 않은 트라우마가 피해와 폭력의 사이클을 지속시킨다면, 치유 없이 평화가 가능할 수 있는가? 평화 없이 치유가 이루어질 수 있는가? 질문해 보아야 한다.

안전이 보장되지 않은 상황인데도 트라우마에서 벗어난 여러 사람들을 우리는 알고 있다. 빅토르 프랑클Viktor Frankl은 포로수용소에 머물러 있었는데도 내적 자유를 경험하였다.49) 1999년 램 코스마스Lam Cosmas는 여전히 위험스런 분야인 무슬림과 기독교 리더들 간의 평화 건설에 헌신하는 기관인 아콜리 종교 지도자들 평화 단체the Acholi Religious Leaders Peace Initiative의 대표가 되었다. 그다지 잘 알려진 이야기는 아니지만 수많은 사람들이 트라우마, 위험 혹은 보복이 왜 일어나는지 그 이유와 상관없이 마음 따뜻한 사람으로 사는 방법을 알고 있으며, 실제로 그렇게 살아가고 있다. 마찬가지로 증오와 폭력으로 반응할 수 있었던 마을과 공동체들이 비폭력적으로 살아가는 능력을 보여주기도 한다.

허리케인 카트리나 이후에After Hurricane Katrina

저는 허리케인 카트리나로 인해 집, 마을, 그리고 살아갈 의욕을 모두 잃어버렸습니다. 현재 저는 여동생이 살고 있는 멤피스Memphis에 와 있습니다. 많은 다른 사람들처럼, 저 또한 무엇을 어떻게 해야 할지 알 수가 없는 상태지요. 우리는 모두 먹을 것, 입을 것 그리고 국가의 긴급사태 관리부서FEMA에 의한 도움 및 구호 대상으로서 생존의 문제를 놓고 씨름하고 있습니다.

처음에 저는 이렇게 큰 재난에 대처하는 정부의 모습에 대해 화가 났어요. 저는 그 누구를 향해서도 화를 내지는 않았지만, 실제 마음속으로는 도시에 남겨져 있는 가난한 사람들에게 어떤 일이 일어나고 있을까 생각하지 않을 수 없었습니다. 허리케인으로 피해를 받기 전부터, 많은 사람들은 이미 죽어가는 고통스런 삶을 살고 있었거든요. 허리케인으로 인해 음식, 물, 의약품조차 없이 남겨진 사람들, 그리고 오물에 범벅이 된 채로 죽어가는 다른 사람들의 모습을 보아야 하는 것뿐만 아니라, 그런 상황 속에 아는 사람이나 돌봐줄 사람 하나 없다는 사실을 인식할 때 사람들이 갖게 될 수치심과 굴욕감을 상상이나 할 수 있겠어요? 비인간적인 상황은 극에 달하고 있었습니다.

허리케인이 들이닥치기 전의 상황은 재난을 방지하기에 충분했어요. 습지대를 살리고 하천의 제방을 보강하라고 외치며 실제로 그런 분야에서 일했던 사람들을 알고 있었지만, 지난 몇년 동안 하천의 제방을 강화하기 위해 보내진 하수구 및 수자원 기금은 남용되고 횡령되었습니다.

제가 '그들과 우리들'us-vs-them이라는 표현을 쓰면서 일어난 일들을 틀 지우고 있다는 사실을 알기까지, 그리고 제가 그런 폭력적인 사고방식에 압도되어 있다는 사실을 깨닫기까지는 며칠 걸리지 않았지요. 물론 저는 사람들이 상호책임을 지는 모습을 보여주리라 생각했지만, 저 스스로의 태도가 오히려 문제를 더 크게 만들고 있다는 사실을 알게 되었습니다.

아무런 판단을 하지 않기로 결심한 후, 저는 우리가 이 일을 정부와 제도에 맡기기 보다는, 하나의 공동체로서 서로를 돌보는 모습으로 돌아가는 편이 훨씬 낫겠다는 사실을 이해하기 시작했습니다. 사람들이 잃은 것들, 가족과 아이들이 헤어져야 하는 상황, 그리고 누군가가 다시 뉴올리언스New Orleans를 중류층의 백인 사회로 되돌려놓으려 한다는 사실을 이제는 조금도 감추고 싶지 않았습니다. 보통시민이 이러한 일을 놓고 씨름한다는 것과 이러한 상황에 분연히 일어선다는 것은 여전히 쉽지 않은 일입니다.

비난을 내려놓으려고 노력했던 이러한 과정을 통해 저는 그보다 더 소중한 마음의 평화를 얻게 되었습니다. 분노는 슬픔으로 바뀌었고 이러한 슬픔은 다시금 일어서고자 하는 모습으로 바뀌었습니다.

– 진 핸들리Jean Handley

이렇게 개인과 공동체에서 일어나는 싸움, 도망 혹은 겁에 질려 얼어붙는 반응에 갇혀 있지 않고 자유롭게 되는 것, 즉 협박과 불안한 상황 한가운데에서 심도 깊은 치유를 가능하게 하는 것은 무엇일까? 어떤 사람이 로우모드의 본능으로부터 벗어나 심리적 생존을 위한 행동을 취하도록 하는 것은 무엇일까?

전통적인 인습 때문에 받고 있는 위협이 무엇인가 깊이 숙고해 보았던 전 유고슬라비아의 평화건설 워크숍 참가자들은 이러한 전통에 기인한 위협에 대해 반대할 '권리'를 요구하였다. 무슬림, 크리스천, 그리고 아무런 신앙 및 종교적 배경이 없는 사람들이 모두 비슷한 경험을 하였다는 사실이 보고되었다. 즉, 올바른 행동이 무엇인지 깊이 생각해 봄으로써 '작지만 비밀스런 의심들'을 표출할 수 있게 되었다. 그들이 '여전히 작은 목소리' the still small voice지만 표현에 대해 평가하지 않고 자유롭게 표현하도록 배려할 때, 그들은 한 가지 엄청난 진리에 이르게 되었다. 내면의 소리를 무시함으로써 영혼을 배반하는 것이 세상에서 가장 악한 것이라는 진리였다. 결과적으로 그들은 자신들이 갖고 있던 죽음에 대한 두려움이 사라지는 것을 발견했고, '내면에 존재하는 정신적인 힘의 근원'에 다시금 연결되고 있다는 중요한 느낌을 경험하게 되었다. 그들은 '위협과 협박이 있을지라도 올바로 행동함'으로서 인간됨의 정신을 드높여야 한다고 결론지었다.[50]

이러한 경험들은 비록 신변의 안전이 완전히 보장되지 않는 상황에서 조차, 치유의 과정을 시작하며, 기본적인 생존의 욕구를 넘어선 방식으로 살아갈 영적 능력이 인간에게 있다는 점을 지적해 주고 있다. 아마도 안전에 대한 전통적인 지식은 다시금 검토되어야 할 필요가 있을 것이다.

- 어느 정도를 안전하다고 할 수 있는가?
- 어떤 종류를 안전이라고 할 수 있는가?

심리학적으로, 마을 혹은 공동체 안에서 사회적으로, 감정적으로, 영적으로 혹은 정신적으로 억류된 사람이 안전한 공간, 즉 신체적으로 안전이 전혀 보장되어 있지 않은 환경에서 치유가 시작될 만한 내면의 공간을 창출해낼 수 있을까? 우리의 이상과 가치가 무엇인지 아는 것, 기꺼이 죽음까지도 마다하지 않을 무엇인가가 있다는 사실을 아는 것이 우리로 하여금 두려움과 공포를 넘어서도록 내면의 힘을 제공해줄 수 있을까? 51) '위협과 협박이 있을지라도 올바로 행동' 한다는 것이 장기적인 안전을 침해하는 피해 및 폭력에 의한 트라우마 사이클을 끊거나, 방지하거나, 변화시키는 데 중요한 요소인가? 그러한 행동들이 '공격자, 혹은 원수'의 방어적 무기를 무력화할 만큼 그들을 놀라게 하거나 그들의 행위를 중단시킬 수 있는가? 만약 그렇다면, 어떻게 우리가 개인적으로 혹은 공동체나 사회적으로 이러한 능력을 증진시키거나 개발할 수 있는가?

이러한 자세를 개발하도록 돕는 요소들은 다음과 같다.

- 협박에 대해 실행 가능한 비폭력, 능동적 대안 배우기
- 트라우마 상황에 대한 사회의 내부적·외부적 후원
- 지속적인 신앙과 영적인 활동
- 긍정적인 리더들
- 피해의 상황 혹은 폭력을 넘어서고자 하는 긍정적인 의지
- 트라우마 사이클로부터 자유롭게 되기 위한 여러 가지 생각 들 및 사이클에 대한 올바른 이해
- 각성을 위해 몸과 마음을 다루는 기술사용

하버드 대학의 의사인 허버트 벤슨Herbert Benson은 뇌 아랫부분의 통제를 받아 몸의 긴장을 이완시키는 반응들을 수십 년 동안 조사해 왔다. 반복적인 운동, 반복적인 기도, 명상, 요가, 주어진 지침을 따라 상상하기, 정신집중 및 근육이완 훈련 등은 몸의 긴장을 이완시키는 활동의 대표적인 예들이다.52) 또한 그 외의 다른 활동들로서 스포츠, 마사지, 북치기, 노래하기, 일기 및 글쓰기, 예술활동, 댄스 등이 사람들에게 도움을 준다는 사실을 발견하였다.

우간다 북부지역에서 교사로 자원봉사 활동을 하였던 에스더 하더Ester Harder는 다음과 같이 보고하였다.

저는 두려움을 해소하기 위해 축구를 합니다…흰개미들이 쌓아 놓은 언덕, 깊은 구멍, 열심히 일하는 어린 흰개미들을 보면서, 보통 사람의 사는 모습을 느낄 수 있는 것은 그리 어려운 일이 아닙니다. 제가 일해는 환경은 여전히 아이들 옆에서 납땜질을 해야 하고, 여기저기 헬리콥터가 날아다니지만, 저물어가는 노을을 뒤로하고 골을 하나 넣으면, 곧 바로 들려오는 환호소리에 귀가 멍해지고, 저의 어깨는 긴장으로부터 해방되며, 노을만큼이나 환한 웃음을 웃을 수 있지요.[54]

안전: 리더들의 역할

위기의 상황에서 마을, 공동체 및 국가의 리더가 사건들을 해석하는 방식과 이야기를 구성하는 방식, 그리고 필요를 이야기하는 방식에 따라 상황은 실제보다 훨씬 더 심각해 질수도 있고, 어려운 상황이 빨리 진정될 수도 있다. 긍정적인 리더들은 두뇌의 '보조 안전두피질' auxiliary orbitofrontal cortex이 기능하는 것처럼 사회의 구성원들을 위해 봉사할 수 있다. 즉, 긍정적인 리더들은 사람들을 안정시킴으로써 무조건적으로 반응하기보다는 많은 생각을 할 수 있도록 도울 수 있다. 상황에 따라서, 이러한 안정은 상담가들, 종교 혹은 정치적 리더들, 혹은 트라우마 및 평화건설 분야의 전문가들에 의해 이루어질 수 있다.

볼칸의 연구가 밝히고 있는 것처럼, 긍정적인 리더들 혹은 '회복적 리더들'reparative leaders 55)은 제4장에서 설명한 '사악한 리더들' malignant leaders과는 반대로 아주 다른 특징이 있다. 회복적 리더들은 다음과 같이 사람들을 돕는다.

- 환상과 현실을 분리하며, 과거와 현실을 분리하도록 돕는다.
- 현실적 위험과 문제 해결 방법을 평가하고 직면하도록 돕는다.
- 원수들의 인간성에 대하여 배우도록 돕는다.
- 현실과 다시금 연결될 수 있도록 가족, 부족 및 기타 집단들과의 결속력을 회복시키도록 돕는다.
- 모순 속에서 오는 긴장을 놓치지 않도록 돕는다.
- 표현의 자유를 높이 평가하며 무엇이 도덕적인지 생각해 보도록 돕는다.

그러나 리더 자신이 트라우마 사건에 의해 영향을 받거나 편협한 윤리 및 국수주의적 생각에 사로잡혀 있다면 어떠한 일이 발생하겠는가? 그럴 때라도 그들 역시 싸움을 하거나, 겁에 질려 도망하지 않으면서 위협에 대응하고 자신들을 도울 수 있는 외부의 사람들과 집단들로부터 조언과 상담을 받아야 할 것이다.

대규모 집단 트라우마에 의해 국가의 리더들이 영향을 받게 되었다면, 나토NATO, 아프리카 유니온African Union, 동남아국가 연합

ASEAN, 미국 주 연합OAS 혹은 유엔UN과 같은 기관들이 이러한 상황에서 리더십을 감당하거나 리더로서 기능하도록 도울 수 있을 것이다.

인정: 자신의 상황을 슬퍼하고 애통해하며, 두려움이 무엇인지 밝혀내기

사이클을 끊으려고 슬퍼하며 애통해하는 것은 치유를 위해 꼭 필요하다. 경험한 상황을 인정하고 이야기하는 것은 분리, 침묵, 공포, 수치, 혹은 '말로 표현할 수 없는' 공포에 대항하는 방법 중 하나이다. 그렇게 하는 것은 얼어붙은 감정과 슬픔을 녹아내리게 한다. 치유를 위해 기억 혹은 경험을 얼마나 깊이 탐구해야하는지, 이러한 탐구가 필요한지 필요하지 않은지에 대해서는 의견 차이가 있을 수 있다. 이러한 탐구 자체가 해로울 수도 있다는 의견도 있다. 그러나 경험한 내용을 이야기로 표현하는 것이 사실과 감정을 모두 다루는 방식이라는 의견에는 모두가 일치를 보이고 있다.

주디스 헤르만Judith Herman이 강조한 바에 따르면 이런 활동들을 통해 조금씩 기억과 감정들을 표출하는 것은 지나친 흥분을 다시 겪지 않도록 도와준다.56) 레빈Levine은 우리의 지적 능력을 사용하도록 권장함과 동시에 이러한 과정 중 발생하는 측정 가능한 파동을 설명하기 위해 '재협상'renegotiation이라는 용어를 사용했다.57) 이는 몸의 에너지를 방해하는 물질 및 감정에 수반되는 느낌을 내보내는 것과, 우리가 너무 빨리 반응하거나 환경에 압도되지 않도록 하는 과정을 말한다. 그는 더 심각한 트라우마가 발생하거나 진행되지 않도록 하는 한도 내에서 어떻게 이야기의 실마리를 풀어야 하는지에 대해 신뢰할만하며, 실제적인 지침들을 제시하였다.58) 수많은 전통 문화들은 이와 유사한 치유의 과정들을 받아들일 수 있게 하는 마을 단위의 제식과 의식들을 갖고 있다.

이러한 것을 표현하기 위해서 예술, 음악, 춤, 연극, 기도, 기록, 명상, 문화적인 제식, 청결예식 등 아주 다양한 형태의 활동이 가능하다. 지압을 비롯한 여러 형태의 물리치료방식은 마을 단위로 가르치거나 활용할 수 있다. 안구운동 민감 소실 및 재처리요법Eye Movement Desensitization and Reprocessing, EMDR 59), 사고장 요법Thought Field Therapy, TFT: 심리장애를 해소해주는 치료요법 – 역자 주 60) 및 소매틱 경험몸의 경험, somatic experiencing: 몸의 자각을 통해 트라우마에 접근하는 방법으로서 과거의 트라우마 경험을 재협상하고 치유하도록 도와주는 생리신경학적 방법 – 역자 주 61)을 사용할 수도 있다. 기념비 및 기념행사와 같이 슬픔을 표현하기 위해 물리적인 장소를 마련하거나, 상실을 상징적으로 표현하거나, 사랑하는 사람들을 잊지 않도록 위로하는 물리적 표현방식을 창출해내면 좋을 것이다.

이러한 모든 용맹함, 영웅심, 희생, 고통, 공포, 회복력, 배신, 굴욕감, 단점, 만행 및 죄의식 등이 것이 이야기를 통해 인정되고 슬픔으로 표현될 때, 수치심과 굴욕감이 발산되어 사라질 수 있을 것이며, 용서가 드러나고, 용기가 고양되며, 다시금 무엇인가를 할 수 있는 힘이 생겨날 것이다.

마르다 카브레라martha Cabrera는 사람들이 사건을 재구성하고, 사건에 대해 이야기하고, 사건을 회상하고, 자신과 자기 나라의 역사에 대해 이야기할 때, 근본적인 변화가 일어난다는 사실을 관찰하였다. 일어난 일이 어떠하든지, 그들은 자신들이 살아남아 있고 현재 자신들이 누구인지에 대한 의미가 매우 소중하다는 사실을 발견하였다. 이러한 것은 그들을 긍정적인 방식으로 살아가도록 도와주었다.62)

이미 일어난 일을 인정하고, 이를 지속적으로 슬퍼하고 애통해하는 것은 우리로 하여금 결코 삶이 이전과 같지 않음을 받아들이도록 도와준다. 그런데도 '새로운 일상' new normal에 대한 가능성을 맞이하게 되면서 미래에 대한 엄청난 두려움들, 즉 보다 분명히 정의되고 현실적으로 표현되어야 할 두려움들이 생겨날 수 있다. 만약 그렇지 않으면, 개인과 그룹들은 다시금 피해 및 공격자 사이클로 되돌아가도록 자극에 쉽게 반응하게 것이다. 과거와 현재의 실재, 그리고 미래에 다가올 도전들을 피하지 않고 마주 대하는 것은 과거의 트라우마를 통해 성장하는 길을 열어주는 것이다.

인정: '다른 사람들'도 할 이야기가 있다는 것을 인식하기

"왜 나에게?" 혹은 "왜 우리에게?" 이러한 끔찍한 일이 발생했는지 반응하는 것은 전 세계에 걸쳐 광범위하게 드러나는 외침으로서, 인생에서 경험하는 어려운 사건에 대한 이유와 의미를 발견하고자 하는 인간의 소망이자 궁극적인 질문이다. 그러나 종종 답을 할 수 없는 질문을 지속적으로 묻는 것은 우리를 더 이상 앞으로 나아가지 못하도록 만든다. 공포를 억압하는 것과 함께, 이러한 질문들은 무엇이든 누구든 가리지 않고 피해를 입힌 가해자와 주변의 모든 것들에 대해 엄청난 분노를 느끼게 만든다.[63] 좀더 이성적으로 생각할 능력을 회복하기 위해, 우리는 "그들은 왜 그렇게 했을까? 그들은 왜 우리에게 그렇게 했을까?"[64]라는 식으로 다시 질문을 해야 할 필요가 있다. 이렇게 질문을 바꿀 때 비로소 다른 사람, 우리를 해친 가해자나 원수들까지도 그들 나름대로 할 이야기가 있다는 것을 인정하고, 더 근본적인 이유들을 찾을 수 있는 방법에 대해 마음을 열 수 있을 것이다.

"왜 그들이?"로 표현되는 질문에는 여러 가지 답이 주어질 수 있다. 마이클 랩슬리Father Michael Lapsley 신부는 남아프리카에서 인종차별을 종식시키기 위해 일하는 동안, 자신에게 배달된 편지를 열자마자 터져버린 폭탄으로 인해 한쪽 눈과 두 팔을 잃었다. 만약 사람들이 폭력을 종식시키고 치유의 길을 발견하기 원한다면, 각 개인과 그룹들이 진지하게 생각해 보아야 할 다음의 세 가지 질문을 던졌다.65)

- 나에게/우리에게 무슨 일이 일어났는가?
- 내가/우리가 다른 사람들에게 행한 일은 무엇인가?
- 내가/우리가 실패한 것은 무엇인가?

예를 들어, 아동 학대라든가 인종청소와 같은 특정한 상황 하에서 이러한 질문들은 적절하지 않을 것이다. 그러나 비록 어린 시절에 받은 학대라 하더라도 성인이 되어 이러한 상처에서 회복되고, 치유의 여정을 걷고자 한다면 이러한 질문은 많은 도움이 될 것이다. 자신이 겪은 학대와 자신을 학대한 사람들에 대해 무엇을 어떻게 선택할 것인지 숙고하도록 도움을 줄 수 있을 것이다.

이러한 질문들을 진지하게 생각해 보는 것은 우리의 존재에 대해 우리가 갖고 있는 기본적인 신념들을 다시 점검하도록 도전한다. 그것은 상대방, 즉 가해자나 원수의 역사뿐만 아니라 우리 자신의 역사를 다시 생각해 보도록 요구한다. 우리는 현재의 사건을 더욱더 명확하게 이해하기 위해 지나간 몇 십 년, 더 나아가 지나간 세기 동안의 역사를 깊이 있게 탐구해볼 필요가 있다. 어쩌면 우리는 역사에 대해 완전한 이해에 도달할 수 없을지도 모른다.

근본적인 원인을 알려는 시도를 한다는 것이 이미 일어난 일을 너그럽게 용서한다는 의미는 아니다. 9·11사건이 일어난 후에, "왜 우리에게?"라는 질문은 곧 "왜 그들이 우리를 미워했을까?"라는 질문과 함께 던져졌다. 이것은 그들의 공격 행위에 동의하는 것이 아니라 답변을 위한 하나의 외침이었다.

우리를 공격하고 우리를 아프게 한 사람들의 역사를 살펴보는 것은 쉽지 않은 일일 뿐 아니라 그다지 기분 좋은 일이 아니다. 종종 발견되는 놀라운 사실은 원수 혹은 가해자들이 보이는 분노나 공포 그리고 뭔가 잘못되었다고 느끼는 피해의식과 무기력감이 종종 우리에 의해 혹은 우리 사회에 의해 형성된 것이라는 점이다. 그렇다고 그들이 저지른 범죄 및 만행에 대해 아무런 책임이 없다고 말하는 것은 결코 아니다. 우리의 안전이 공격을 받아 위험에 처할 때, 우리가 책임을 지고 행동하는 것처럼, 그들은 엄청난 역사적 사건을 일으킨 그들의 행동에 대해 책임을 져야 한다. 어쨌든 역사를 배우는 것은 현재의 상황이 어떤지, 그리고 인생이 얼마나 복잡한지 바라볼 수 있도록 우리의 눈을 열어준다. 이

것은 누가 역사의 피해자로 기록되고, 누가 공격자로 기록되는지 우리의 눈을 열어주며, 역사 속의 이야기 역시 우리가 보는 역사적 관점에 의존하고 있다는 사실을 자각하도록 만들어 준다. 이것은 우리 자신의 위선적인 모습과 우리가 속한 사회 전체가 위반한 잘못이 무엇인지 더욱더 잘 볼 수 있도록 만들어 준다.[66]

마리는 자신의 이야기를 다음과 같이 들려주었다.

> 저는 스스로에게 "마리, 너는 정말로 단단히 화가 났구나!" 하며 말했어요. 그것은 정말로 단세포적이면서, 뼈에 사무치는 노골적인 분노였어요. 그때, 저는 이것이 결국 비행기를 타고 쌍둥이 건물로 돌격한 녀석들이 갖고 있던 똑같은 수준의 분노였다는 것을 깨닫게 되었지요. 그 분노는 상황을 변화시킬 수 없는 무기력과 절망감에서 오는 분노였어요. 정말! 저는 이러한 깨달음이 있기 전까지, 9·11사건 후 복수의 여정을 끝까지 가겠다고 생각했어요. 실제로 저는 볼트와 너트처럼 서로 연결되어 이러한 상황을 만들어낸 것에 대해, 그리고 이렇게라도 자신들의 욕구를 표현해야 했던 가해자들의 고통이 무엇인지 조금씩 이해하기 시작했어요. 아직도 저는 그들을 충분히 이해하지 못하고, 그렇기에 그들을 이해하고자 하는 노력을 중단할 수 없습니다.

랩슬리의 질문들을 다시 숙고해 보는 것은 개인으로서 혹은 사회구성원으로서 우리 자신의 어두운 면과 단점은 무엇인지, 그리고 우리가 보지 못하는 것은 무엇인지 깨닫게 해준다. 이것은 우리 자신의 편견과 선입견이 무엇이었는지 직시하도록 만들이 준다. 그것은 악마적 존재로 여긴 원수들을 다시 인간으로 바라볼 수 있도록 출발점을 만들어 준다. 그리고 그것은 선과 악으로 단순화시켜버린 이분법적 이야기를 산산이 부수어 버린다.

> **어제의 피해자가 종종 오늘의 공격자가 된다.**
>
> – 올가 보차로바(Olga Botcharve)[67]

이러한 과정은 몇 달 혹은 몇 년에 걸쳐 이루어질 수도 있다. 그러나 우리가 상대방에 대하여 좀 더 많은 것을 배우는 동안, 분노와 증오는 이해와 연민과 친근함과 겸손의 느낌으로 대치되기 시작한다.[68] 어떤 정책과 행동이 가져다주는 엄청난 위험을 우리는 상상할 수 없을 만큼 짧은 시간에 쉽게 결정하는 우리 자신을 발견할 수 있을 것이다.

다시 연결하기: 위험을 감수하며 상호의존적 관계 인식하기

역사를 이해하는 것은 인간으로서 그리고 국가로서 우리가 서로 연결되어 있으며, 서로 의존할 수밖에 없는 존재라는 인식과 더불어 이루어진다. 이러한 역사 의식은 위험한 일에 우리를 열어

놓는 개방성을 갖게 한다. 개개인과, 마을들과, 여러 집단들은 자신들을 개방하면서 어느 정도의 위험을 감수할 것인가를 결정해야만 한다. 위험을 감수하는 것은 위험한 길에 우리 자신을 놓거나, 학대의 상황 속에 우리 자신을 내버려두라고 명령하는 것이 아니다. 예전의 원수들을 만날 때, 강렬한 감정들이 다시금 발동될 수 있고, 잊었던 기억들과 감정들이 봇물처럼 다시 흘러나올 수 있다.

트라우마를 연구하는 베셀 반 데르 콜크Bessel van der Kolk는 비록 집단으로 갈등 연구를 진행하지는 않았지만, 쿵푸나 요가와 같은 신체 수련이 그들을 좀 더 건설적이 되도록 돕는다고 말하였다.69) 패크리시아 메이더스 케인Patricia Mathes Cane은 마을 사람들, 전문인들, 정치범들, 의료 종사자들 및 전 세계 각지의 갈등 분야에서 일하는 집단들에게 마음-몸 수련을 통해 몸과 마음을 이완시키는 마사지, 태극권, 노래, 침술 및 각종 훈련법을 가르쳐왔다.70) 이러한 운동들은 몸을 평온하게 해주고, 온전한 모습으로 뇌가 기능할 수 있게 도와준다.

이러한 것을 다른 사람들과 함께하는 것이 실제로 어떻게 이루어질 수 있는가 하는 것은 각각의 상황마다 달라질 수 있다. 상처가 개인적일 때, 일대일 만남을 독자적으로 갖거나, 도움을 줄 수 있는 제3의 사람과 함께 모일 수 있다. 어떤 문화 속에서는, 공동체의 과정을 통해 혹은 매개를 통해 상호간의 교환이 이루어지기도 한다.

남아프리카의 진리와 화해 위원회the Truth and Reconciliation Commission in South Africa는 사회적 차원에서 '진리'를 이야기하고, 공적인 모임에서 질문에 답하는 방식으로 피해자들을 회복시키는 방식을 취한다. 어떤 경우에는 피해자들이 자신을 가해한 사람들의 증언을 들을 수도 있다. 비록 양측이 직접 만나는 경우는 거의 드물지만, 서로의 입장을 듣는 것은 가해자인 '상대방' the other을 나와 동일한 인간으로 바라보도록 도와주며, 그들에게 중요한 요구들은 무엇인지 표현하는 통로가 되기도 한다.

시민들은 다양한 방식을 통해 갈등의 상황에 있는 예기치 못한 다른 측면들과 마주치기도 한다. 어떤 프로그램들은 문제를 해결하기 위해 갈등을 겪고 있는 양쪽 편의 젊은 사람들을 함께 일할 수 있도록 자리를 마련하기도 한다. 스위스 카욱스Caux의 한 산에 마련된 휴양소는 제2차 세계 대전 이후, 비공식적으로 피해자와 가해자를 직접 만날 수 있도록 한 '만남의 장소'로 사용되었다. 아프리카 수단에서는 갈등을 겪고 있는 양쪽 편의 여성들을 위해 바느질 교실이 조직되기도 하였다. 뉴욕의 브루클린Brooklyn의 한 선생님과 학생들은 2004년 미국에 의해 폭탄이 투하된 이라크의 도시인 팔루자Fallujah의 한 선생님과 학생들을 상대로 이메일을 주고받기 시작했다.

때때로 가해자를 만나는 것은 불가능하다. 9 · 11 사건 비행기 납치범들은 죽었고, 다른 알카이다al-Qaida 요원들을 직접 만날 수 없다. 이러한 직접적 만남은 우리가 택할 수 있는 방법이 될 수 없다. 그래서 가족과 식구들을 잃은 몇몇 사람들은 '평화로운 내일을 위한 9 · 11 가족들' September 11 Families for Peaceful Tomorrows이라는 집단을 형성하였다.71) 자신들의 슬픔과 이야기를 나누고자 했던 어떤 사람들은 전쟁과 테러로 인해 가족을 잃은 아프가니스탄과 이라크에 있는 시민들을 만나기 위해 직접 현지를 방문하기도 했다. 그들은 정치적으로 비폭력의 입장, 서로 간의 이해, 갈등의 상황에 직접 참여하는 입장을 옹호하고 있다.

이웃들에 의해 상처를 입게 되었을 때, 피상적인 차원을 넘어서거나 당장 눈에 보이는 안전과 보안의 단계를 높이는 것은 여간 어려운 일이 아니다. 안전한 세상을 만들어 간다는 것은 서로 간의 역사를 알아가며, 외부의 도움을 받으며, 어떻게 개인과 집단의 기억이 사실과 인식에 의해 형성되는지 이해해야 하는 아주 긴 과정이다.73) 함께 모이는 목적은 서로를 향해 무기로 고통을 주기 위함이 아니라, 서로 간의 이해를 도모하기 위함이다.74)

이미 살펴본 바와 같이 우리가 새로운 방법으로 행동하기로 선택할 때, 우리의 뇌는 실제로 새로운 신경회로를 형성하게 된다.

건강한 만남은 트라우마를 일으키는 충격적인 사건들을 맞닥뜨

> **트라우마를 겪은 사람들 중 어떤 이들은 "트라우마**
> **로 고통 받는 자신을 다시는 그대로 내버려 두지 않겠**
> **다."고 다짐했다. 그리고 그들은 자신들과 자신들이**
> **속한 집단의 안전을 지키기 위해 무엇이든 하기 시작**
> **했다. 트라우마를 겪은 한 지혜로운 사람이[72] "다시**
> **는 나 자신, 우리, 그리고 어느 누구도 트라우마로 고**
> **통 받지 않도록 해야 한다."고 말했다. 그리고 그들은**
> **모든 사람을 위해 안전한 세상을 만들어 나가기 시작**
> **했다.**

릴 때 힘없이 당하거나 무기력한 증상들에 맞서도록 해준다. 이
러한 만남은 그동안 통제 불능이라고 여겨왔던 반응들과 관계를
끊도록 감정을 약화시키는 스트레스 기제들에 모든 것을 양보도
록 반응해 왔던 습관 및 방식들에 당당히 맞서도록 해준다.[75] 이
에 대한 보상은 아주 분명하고 뚜렷하다. 사람들이 얼굴을 직접
마주 대하게 되면, 뭔가 엄청난 일이 일어난다. 북부 아일랜드의
케넷 뉴웰 목사Rev. Kenneth Newell는 "서로 만나면, 실제 우리 모두
가 어떤 상처를 입고 있는 한 가족의 구성원임을 발견하게 됩니
다."라는 말을 하였다.[76]

　이러한 만남들은 미래를 함께 만들어 나가도록 도와주며, 개인

> **우리가 새로운 모습으로
> 행동하기를 선택할 때,
> 우리의 뇌는 새로운 신경회로를
> 형성하게 된다.**

적, 공동체적, 감정적, 사회적, 영적 수준의 조화를 회복하도록 공동의 책임감을 갖도록 도와준다. 더 나아가 창조적인 생각들이 자연스럽게 발현되기 시작한다. 우리는 좀 더 쾌활하게 됨을 느끼게 되며, 다른 사람들이 서로 연결되어 회복의 과정에 참여하기 시작할 것이다. 힘들고 무거웠던 우리의 감정은 한층 고조된다.[77]

램의 이야기이다.

> 그래요. 덤불 속에는 여전히 반란군들이 있고 그 지역은 여전히 위험하지요. 그들은 덤불 속에 매복해 있다가 신부 한 명과 세 사람을 죽였어요. 그들은 그중 한 여자의 손가락을 마디마디 잘라버렸지요. 그러나 그들 중 몇 사람들이 덤불 속에서 나와 원래 그들이 속해 있던 마을로 되돌아가게 되었습니다. 이 반란군은 우리의 원수였습니다. 그러나 저는 반란군의 리더들을 만났고, 그들을 도와 수입을 창출할 계획을 세우고, 장부정리를 했습니다. 어느 날 그 반란군 대장이 제게 와서 이렇게 물었습니다. "당신이 마을을 위해 평화 워크숍을 진행한다는 말을 들었소. 우리에게도 평화에 대한 워크숍이 필요하다고 생각하지는 않소?" 이에 대해 그들을 위한 평화 워크숍을 진행할 수 있었고, 인간관계에 대해 초점을 맞출 수 있었습니다. 그 워

크숍이 그들에게 인간으로서 재통합의 과정을 걷도록 도와줄 것이라 생각합니다.

다시 연결하기: 용서의 길 선택하기

어떤 사람들에게 용서란 단어는 아주 깊고 복잡한 인간의 잘못과 악행을 생각나게 하는 껄끄럽고 별로 유쾌하지 않은 단어이다. 실제로 만약 그 단어가 과거를 잊어버린다거나 정의를 실현하기 위해 필요한 것으로 정의된다면, 용서를 위한 노력은 좋은 것이라기보다는 해를 끼치는 것이 될 수 있다. 만약 그 단어를 희망과 가능성으로 경험하기보다 도덕 혹은 종교적 의무로서 경험한다면, 용서가 기쁨과 즐거움의 선물이 되기보다는 받기에 꺼림칙한 짐이 되어버릴 수 있다.

폭력이 지속되거나, 상처를 주고받는 상황이 지속될 때, 그리고 상처를 받고 있다는 느낌이 제대로 인정받지 못한 상황이라면 용서는 특히 어렵다. 개인과 그룹이 피해와 폭력이 반복되는 순환을 헤어나지 못하는 참혹한 모습을 목격하거나 경험하게 될 때, 그 사람에게 필요한 것은 더 큰 고통에 처하게 하는 처벌이나 보복이 아니라, 인간이 가질 수 있는 보다 숭고한 목표일 것이다.[78]

용서는 쓰디쓴 아픔의 무거운 짐으로부터 벗어나게 되는 것을

**용서는 과거를
잊어버리거나
정의를 실현하기
위한 것이 아니다.**

의미한다. 그렇다고 정의를 실현하기 위한 여정을 포기하는 것을 의미하지 않는다. 오히려 정의의 이름으로 반복되는 보복이나 앙갚음의 순환에서 헤어나와 피해자와 가해자를 동등한 위치로 회복시키는 것을 의미하며, 화해로 가는 초석을 놓는 것을 의미한다.

그러나 만약 우리가 다른 사람들의 이야기를 인정해 줌으로써 그들의 인간성을 다시 회복시키기 위한 힘든 작업을 감당할 수 있다면, 용서야말로 진정 새로운 의미를 갖게 될 것이다. 이러한 용서는 단순히 일방통행이라는 과정을 통해서는 얻어질 수 없을 것이다. 우리가 살펴본 바와 같이, '피해자' victim와 '가해자' aggressor라는 호칭은 종종 역사의 특별한 입장 특히 우리가 갖고 있는 역사적 시각에 의해 붙여진 것이다. 그러므로 인정, 양심의 가책, 후회, 회개, 및 용서 등의 행동은 여러 상황에 적절한 모습이어야 한다. 영국과 아일랜드의 종교 지도자들이 양심의 가책을 표현하고 서로를 위해 용서를 요구한 것이 그 좋은 예가 될 것이다.[79]

비록 용서가 이러한 것을 의미한다 하더라도, 용서를 향한 길을 선택하는 것은 어려운 일이 될 수 있다. 어떤 부분들은 아예 실현 불가능하거나 회복되지 못할 수 있다. 용서의 과정을 지속시키는 능력은 신의 선물이기도 하다. 그렇기 때문에 용서에는 은

혜와 신비의 요소들이 들어 있으며, 어떤 특별한 종교나 집단이 더 용서를 잘한다는 식의 배타적인 모습은 있을 수 없다.

용서란 우리의 상처가 다른 사람, 특히 나의 '원수'에 의해 인정될 때, 하나의 과정으로써 보다 더 쉽게 실행될 수 있다. 그러나 만약 우리에게 상처를 입힌 사람들이 어떻게 반응 하냐에 따라 용서를 하고 안하고를 결정한다면, 우리는 영원히 그들의 반응에 매여 있을 수밖에 없게 된다. 그러므로 그들의 행동과 반응이 어떻든지 간에, 우리가 용서의 여정을 걸어갈 것인지 말 것인지를 결정해야 한다.

용서에 있어서 개인 내면, 다른 사람과의 관계 및 공동의 요소들은 아주 복잡한 방식으로 얽혀 있다. 이것이 의미하는 것이 무엇이며, 집단 및 사회 · 국가적 차원에서 어떻게 그것이 이루어질 수 있는가 하는 것은 쉽지 않은 문제이다. 도날드 슈리버Donald

> **진정한 용서는 공동체 안에서 이루어진다. … 용서는 은혜로 이루어지는 역사이며, 진리 안에서만 이루어질 수 있다. 그러나 진리는 단순한 지식에 불과한 것이 아니다. 그것은 상대방을 인정하는 것이며, 그것은 상황을 감수해야 하며, 수고를 필요로 한다.**
> — 한나 아렌트(Hanah Arendt)[80]

Shriver는 정치적 상황에서의 용서를 '깨진 인간관계를 회복하거나 고치기 위한 도덕적 진리, 인내, 감정이입 및 헌신'이라고 설명하였다.81)

조지타운 대학Georgetown University의 우드스탁 센터Woodstock Center 는 국가적인 차원에서 어떻게 용서가 실행되어야 하는지 고찰하기 위한 여러 차례의 회합을 주관하였다. 이 회합에 참여한 사람들은 개인, 문화 및 정치적 차원에서 이루어지는 용서의 문화가 필요하다는 사실에 모두 동의하였다. 상징적인 권위를 수행하는 위치에 있는 국가와 시민사회 리더들은 용서를 향한 방향성과 더 나아가 창조적인 화해를 위해 열린 마음을 갖게 하는 데 결정적인 역할을 수행하는 사람들이다.82) 남아프리카, 엘살바도르, 시에라 레온Sierra Leone 및 기타 여러 지역에 있어서, 이러한 방향을 향해 나아가기 위해 진실과 화해 위원회를 결성하는 것은 아주 중요한 단계가 될 것이다.

용서는 또한 보상과 연관될 수 있다. 우리가 다른 사람에게 무엇을 어떻게 잘못했는지 올바로 인식하게 되면, 우리는 우리가 할 수 있는 만큼 잘못을 고치기 위한 책임을 느껴야 할 것이다. 이렇게 하기 위해, 우리는 과거와는 다른 삶을 살기 위한 미래를 준비해야 한다. 이것은 개인적인 책임과 공동의 책임 모두를 의미한다.

다시 연결하기: 정의 추구

완벽한 세상이라면, 가해자가 개인이든 집단이든 정부든 상관없이 가해자로서 잘못을 인식하고, 공식적으로 사과하며, 손해에 대해 배상하며, 그러한 일이 다시 일어나지 않도록 분명히 하는 모습으로 정의를 실현해야 할 것이다.

그러나 세상은 그렇게 완벽하지 않다. 그리고 세상은 그렇게 공평하거나 정의롭지도 않다. 피해자의 기대가 항상 충분히 만족되거나 현실화되지도 않는다. 정의가 고통을 정상적인 모습으로 되돌려 놓을 것이며, 고통을 경감시켜 주리라는 무언의 가정이 존재한다. 때때로 그렇게 되기는 하지만 대부분은 그렇게 되지 않는다. 때때로 무엇이 옳은지에 대한 추상적인 느낌을 만족시켜 줄 수는 있지만, 정의 자체가 피해를 입은 사람들을 치유하거나 기존에 존재하는 악순환의 고리를 끊어 주는 것은 아니다. 어떤 사람들이 표현한 것처럼 "정의를 위해 싸우는 것이 사람을 추하게 만들 수도 있다. 즉, 싸우려 드는 사람의 추한 모습처럼 정의를 위해 싸우는 사람의 동기가 추할 수 있기 때문"이다.[83]

이것은 개인과 그룹이 정의를 추구해서는 안 된다고 말하려는 것이 아니다. 오히려 이것은 트라우마나 폭력이 만들어내는 욕구들이 매우 복잡하며 정의라는 제도가 가져다 줄 수 있는 치유와 회복에도 한계가 있다는 사실을 인정하기 위함이다. 정의를 위해 싸우는 이상적인 모습은 공동의 선을 창출해 내고 질서를 창조하는 모습이라야 한다. 그러나 정의 그 자체가 사람을 치유하는 것은 아니다.

현재 우리 사회가 정의를 향해 접근하는 일반적인 방법은 사법 혹은 형사법criminal-justice적 대응으로 모든 것이 국가의 체제나 국제 사법 재판소와 같은 기능 안에서만 효력을 발생한다. 이러한 모습의 정의 실현 방법에는 다음과 같은 세 가지 질문만이 존재한다.

1. 무슨 법을 어겼는가?
2. 누가 법을 어겼는가?
3. 법을 어긴 사람을 어떻게 할 것인가?

대개 법을 어긴 사람을 어떻게 할 것인가에 대한 답은 처벌의 형태로 귀결될 뿐이다.

이러한 응보적 접근 방법은 잘못한 사람이 누구인지를 가려내고, 잘못한 사람을 비난하도록 만든다. 이러한 방법이 제공하는 최고의 장점은 인권을 안전하게 보호하며, 정의에 대한 질서를 잘 따를 수 있게 고안되어 있다는 점이다. 응보적 접근 방식은 나름 중요한 역할을 감당할 수 있을지 모르지만, 불행하게도 이러한 처벌 위주의 접근 방법은 종종 피해자가 정말 필요로 하는 것이 무엇인지, 그들에게 필요한 치유가 어떠한 것이며 어떻게 도울 수 있을지 거의 다루지 않는다. 잘못을 저지른 사람이 마땅히 받아야 할 처벌이 무엇인지 확실히 하려는 일에 몰두하다 보면, 정작 가해자가 져야할 실제적인 책임이 무엇이며, 그들이 저지른 행위가 어떠한 것인지 제대로 이해시키지 못하는 경우가 허다하다. 또한 피해자가 자기 잘못을 변호하는 모습을 통해 더 많은 갈등이 발생하고, 피해자의 치유는커녕 받은 상처가 더 악화되기도 한다.

이러한 형사법에 근거한 응보적 정의가 그 필요를 충족시키지 못하자, **회복적 정의**restorative-justice라는 개념 및 운동이 전 세계적으로 급속히 퍼지게 되었다. 회복적 정의는 이미 일어난 피해에 관심을 집중하고, 사건과 관련된 모든 욕구와 책임이 무엇인지 주의 깊게 살피도록 필요 중심적인 개념으로 정의를 이해한다. 회복적 정의는 다음과 같이 질문한다.[84]

- 누가 피해를 입었는가?
- 그들의 필요는 무엇인가?
- 그러한 필요를 책임져야 할 사람들은 누구인가?
- 사건 발생의 원인들은 무엇인가?
- 그 상황과 이해관계가 있는 사람은 누구인가?
- 관련된 모든 사람들이 함께 해결책을 찾고, 책임과 필요가
  무엇인지 이야기하기 위해 어떠한 과정이 필요한가?

"누가 피해를 입었는가?"하는 질문은 피해를 입은 사람들을 가장 중심에 놓아야만 하며, 또한 그 피해가 직접적인 피해자들을 넘어서 일어날 수 있다는 사실을 인정하도록 도와준다. 실제로 직접적인 피해자 외에도 가족, 친구, 마을 그리고 전체 사회가 피해를 입을 수 있다. '가해자'와 '피해자'라는 복잡한 분류표를 살펴보면 가해자 또한 이러한 피해를 입은 사람들 중 한 사람일 수 있기 때문이다.

회복적 정의는 상호책임accountability에 많은 관심을 두고 있다. 즉, 피해자와 관련되어 있는 기본적인 책임과 가능한 한 잘못들을 바로 잡기 위한 시도들이 너무나도 중요하다는 것이다. 문제를 해결하는데 있어서 회복적 정의는 잘못한 사람뿐만 아니라, 잘못한 사람에 의해 영향을 받은 사람들에게까지 관심을 둔다.85) 회복적 정의는 가능한 상황 하에서 가해자와 피해자를 만나게 하기도 한다.

치유를 중심으로 한 정의실현 접근방법
- **회복적 정의(Restorative Justice)**
- **전환적 정의(Transformative Justice)**
- **창조적 정의(Creative Justice)**

건강하지 못한 관계 및 사회적 · 정치적 구조들에 의해 법안이 실행되는 것을 보게 될 때, 정의 실현은 우리로 하여금 개인의 행동 뒤에 놓여있는 구조저 문제들을 직시하도록 만든다. 전환적 정의 Transformative justice는 다음과 같은 질문을 한다.

- 이러한 일이 발생하도록 만든 상황과 구조는 무엇인가?
- 이번 사건과 이와 비슷한 사건 사이에 존재하는 구조적인 유사성은 무엇인가?
- 앞으로 이와 유사한 사건을 줄이기 위한 방법으로, 상황과 구조를 변화시킬 수 있는 법안은 무엇인가?

그리고 해결책은 동일한 사건이 재발되지 않도록 방지하기 위해 사회 및 정치적 체제를 변화시키는 좀 더 거시적인 모습으로 진행된다.86)

정의를 위한 시도가 제대로 성과를 거두지 못하자, 어떤 사람들은 보다 창조적 정의를 시도하게 되었다.

회복적 정의의 개념과 전환적 정의의 개념은 로버트 조셉 Robert Joseph이 쓴 「화해적 정의」 reconciliatory justice라는 글에 잘 기록되어 있다. 그의 글은 토착민들을 대상으로 이루어진 토지 착취와 온갖 불평등을 밝히고 해결하기 위한 기록이다. 조셉은 "이미 일어난 일, 즉 정착 후에 발생한 쟁점 및 긴장들에 대한 무관심을 정치적으로 인식하도록 도전하고, 적절한 해결책으로써 분쟁–조정 개념, 이상적 해결방안, 해결의 과정 및 전략"으로서 화해적 정의를 소개하였다.87)

과도기적 정의transitional justice는 억압적인 통치나 무장 충돌을 통해 일어난 과거의 엄청난 잔학 행위나 인권 유린을 자행한 사람들에게 공동의 책임을 부과하는 방법을 찾고 있는 나라 및 사회들을 돕기 위한 한 가지 방법이다. 과도기적 정의는 개인적 범죄자들을 기소하거나, 국가에 의해 자행된 폭력의 피해자들에 대한 손해 배상, 과거에 받은 학대에 대해 진상규정 위원회를 조직하거나, 경찰 및 법원 제도들을 개혁하는 등 사법 및 비사법적인 대응 방법을 모두 포함하고 있다. 그 자체로, 과도기적 정의는 회복적이거나 처벌적인 모습이 될 수 있다.

그 접근 방법이 어떠하든지 간에, 정의를 실현하고자 하는 진지한 시도들은 그 목표에 크게 미치지 못할 수 있다. 가해자를 잡을 수 없을 뿐만 아니라, 누구인지조차 알지 못할 수도 있다. 기소 조항, 재판소, 진상 규정위원회도 아무런 결과를 얻지 못할 수도 있다. 만약 사건자체가 조작된 범죄로 판명되거나 정부에 의해 이루어졌다면, 가해자에게 무죄가 선언되기도 한다. 실제 사건들은 종종 '올바로 자리매김' 되지 못하게 되기도 한다.

쉬운 답은 존재하지 않는다. 어쩌면 실제 답이 아예 없을지도 모른다. 그러나 윌마 덕슨Wilma Derksen이 창조적 정의creative justice 88)라고 불렀던 사전 행동 방식을 취하는 사람들도 있다. 이 창조적 정의는 살해당한 윌마의 딸을 추도하고자 모인 그녀의 마을 사람들에 의해 이끌어진 추도행사와 같은 상징적인 행동을 통해 접근하는 방식이다.

앙갚음을 하는 에너지는 그런 일이 다시 일어나지 않도록 방지하는 모습으로 전환될 수 있다. 이러한 예는 많이 있다. 음주운전 반대를 위한 어머니들의 모임Mothers Against Drunk Driving, MADD은 어떤 술 취한 운전사에 의해 자식을 잃게 된 한 여인이 시작한 운동이다. 평화로운 내일을 위한 9 · 11 가족 모임The September 11 Families for Peaceful Tomorrows은 전통적인 정의실현 접근 방법에 전혀 만족할 수 없었지만, 증오와 보복이 그들이 선택할 수 있는 마지막 방법이 아니라는 사실을 세상에 보여주었다. 고문에서 살아남은 사람들은 국제적으로 고문 폐지 및 생존자 후원 연대Torture Abolition and Survivors Support Coalition International, TASSC를 결성했고, 자신들의 에너지를 고문 종식을 위한 교육, 정부와의 교섭, 생존자들을 후원하는 일에 사용했다.

공적으로 정의를 실현하려는 일은 계속 진행될 수 있다. 그러나 창조적인 정의실현, 사람의 에너지, 사람들의 미래, 그리고 그들의 재능을 법적인 통제 혹은 불의에 의해 발생한 트라우마의 볼모가 되게 할 수는 없다.

정의는 과거를 다룸으로써 우리를 미래로 나아가도록 만든다.

정의는 과거를 다루며 우리를 미래로 나아가도록 만든다. 정의는 이전의 적대자들에게 함께 미래를 계획하도록 길을 열어줄 수 있다. 공통의 역사를 써보도록 계획을 세우는 것이 하나의 작은 시작이 될 수 있다. 주요한 목표는 인간의 안전과 모든 인간의 존엄성을 보장하기 위함이다.

만약 "당신을 반대하는 사람들의 가장 절실한 욕구를 충족시켜 주기 위한 정치 문화 및 제도를 만들기 위해 당신이 할 수 있는 일이 무엇인가?" 라는 질문에 대해 양쪽이 모두 답을 할 수 있다면 정의실현은 충분히 가능한 일이다.[89]

다시 연결하기: 화해의 가능성

인간관계를 다시 연결하는 것은 특별한 행사나 뜻밖의 사건이 아니다. 오히려 그것은 앞서 말한 치유의 여정을 향해 나아가는 수고와 은혜의 결과이다. '가능한 최대한의 정의'[90]를 실현하는 일과 용서가 필수적인 열쇠이기는 하지만, 정의실현과 용서가 화해를 보장해 주지는 않는다. 그러나 화해가 일어날 때, 과거의 원수와 가해자들을 향한 태도, 신념 및 행동의 변화가 일어나는 것만은 틀림없는 사실이다. 트라우마와 고통은 쉽게 잊혀지지도 않으며, 너그럽게 용서되지도 않는다. 그러나 새로운 자아와 집단의 정체성에 대한 좀 더 나은 이해와 총제적인 삶의 모습은 충분히 가능하다. 안전 및 평화에 대한 감각이 공포를 대신하게 될 것이다.

다음은 마리의 이야기이다.

한번 겪은 고통은 사라지지 않지요. 그것은 끝나지 않았습니다. 어떤 의미에서 이제 시작입니다. 나는 '선물'gift이라는 단어가 정직한 표현이라고 생각합니다. 선물은 하나의 이해의 방식이 아니라 내가 사는 모습을 변화시키고 내가 더 이상 부정할 수 없는 완벽한 것을 요청하는 방식으로, 실재적이며 가장 중요할 뿐 아니라, 진리이며 생명인 그 무엇을 우리가 하나님께 얻기를 원하며 요구하는 정말로 가장 깊은 곳에서 우러나는 소리요 신호입니다.

트라우마가 미래를 위한 희망으로 변환되는 과정은 피해의 악순환을 제거하고 폭력의 사이클을 끊음으로써 이루어지는 하나의 긴 여정이다. 그것은 영적, 정신적, 감정적, 지적, 신체적으로 다각적인 차원의 일들을 필요로 하며, 개인적 차원뿐만 아니라 공동체적인 차원의 일들과 밀접하게 관련되어 있기도 하다.

앞의 여러 장들을 통해서 우리는 트라우마의 원인들과 트라우마의 증상들에 대해 살펴보았고, 우리가 경험하고 있는 트라우마로부터 자유를 얻기 위해 트라우마의 사이클을 끊는 몇 가지 방식들을 살펴보았다. 다음 장에서 우리는 과거의 사건으로 인해 발생한 트라우마를 다르게 다루는 방법들을 살펴볼 것이다. 그리고 앞으로 발생하게 될지 모를 트라우마를 준비하기 위한 몇 가지 방법들을 살펴보게 될 것이다.

6. 만약에? 9 · 11과 악순환
벗어나기를 위한 질문들

내가 어린 소녀였을 때, 자매들과 나는 인형을 가지고 어린이다운 상상력으로 엄마아빠 놀이를 하며 놀았다. 그때 우리는 여러 이야기를 꾸며가며 놀았는데, 한 사람이 이야기를 끝내면 다음 사람이 인형을 집어 들고 상상의 나래를 펴며 몸동작과 더불어 그 이야기를 이어가는 놀이였다. 종종 그 이야기는 우리가 좋아하지 않는 방식으로 흘러가기도 했다. 그러면 한 사람이 "이야기의 그 부분은 없던 걸로 하자!"하고 말하곤 했다. 이러한 상황이 발생하면, 우리는 종종 이야기를 멈추고 타협을 하였다. 그러나 대개는 별 문제없이 원래 이야기를 계속 진행해 나가면서 우리가 기대하던 바와는 전혀 다른 모습으로 놀이를 끝내곤 하였다.

만약 우리의 인생이 이러한 놀이처럼 간단하게 진행된다면 어떻게 될까? 정말로, '쉽게 지워버리거나 없었던 것으로 할 수 있는' 마술은 우리들의 어렸을 적 놀이에만 있는 것일까? 서로를 비난하고, 괴롭히고, 과거에 미련을 두고 있으면서도, 우리들의 이야기가 좋은 쪽으로 흘러가기를 원하는 간절한 소원은 우리 안에서 사라질 줄 모른다. "만약 가능하다면?"이란 질문들도 여전히 우리 안에 있다. 실제로 이 '만약'이란 질문은 다른 미래로 나아갈 수 있게 우리를 도와줄 수 있다. 아마 '만약'이란 질문은 미래뿐 아니라 지금 우리가 처한 현실에 도움을 줄 수 있을지도 모른다. 그면 2001년 9월 11일의 시점으로 돌아가서 '만약'이란 질문을 던져보자.[91]

만약 미국의 리더들대통령, 주지사들, 시장들, 성직자들 및 의료 전문 종사자들이 그 끔찍했던 9 · 11사건이 일어난 직후 분노, 당황, 수치, 공포의 감정들과 일상적인 트라우마에 대한 반응들을 잘 표현하며, 정의를 향한 희망을 정상적으로 표현할 수 있었다면 상황은 어떻게 달라졌을까? 이러한 부정적인 반응들이 정상적임에도, 그들이 분명히 취하지 말았어야 하는 행동들을 보다 분명히 표현했더라면 상황이 어떻게 달라졌을까?

만약 이러한 가증스럽고 악질적인 행동들을 전쟁 도발의 행위가 아닌 하나의 범죄 행위로 분류했다면 어찌 되었을까? 만약 이 사건에 대해 동정을 표했던 전 세계의 여러 나라들에게 테러 조직망들을 없애며, 그들의 재정후원 조직들을 차단하며, 국제 평화 및 정의를 사수하기 위해 도움이나 협력을 요청했더라면 어떻게 되었을까?[92]

만약 공격의 현장을 직접 눈으로 보면서 발생한 트라우마에 대해 우리가 나타낸 반응이 자신들의 판단에 영향을 미치고 있다는 사실을 우리 리더들이 알았더라면 어떻게 되었을까? 만약 우리 동맹국들에게 어떤 반응이 옳은지 겸손하게 질문함으로써 우리들의 도량을 보여주었더라면 어떻게 되었을까?

만약 우리가 이미 우리나라에 와 있는 무슬림들과 이민자들에게 친절한 행위를 베풀도록 권장했다면 어떻게 되었을까? 만약 도시들이 자신들의 트라우마로 인한 에너지를 공격적인 일에 사용하지 말고 전 세계에 있는 폭력 피해자 및 생존자들을 위한 기금 모금을 위해 함께 걷고, 함께 춤추고, 축구 경기나, 테니스, 골프 경기, 달리기, 세차 등으로 사용하도록 격려했다며 어떻게 되었을까?

만약 함께 침묵의 시간을 보내고, 기도하고, 묵상하는 목적으로 애도의 기간을 국가가 주관하였더라면 그리하여 비행기로 건물들을 들이받는 비정상적 행동에 대해 국가 차원의 비범한 지혜와 지침을 보여주었더라면 어떻게 되었을까? 93) 만약 이러한 우리의 결정에 전 세계의 국가들을 참여할 수 있도록 초청하였다면 어떻게 되었을까?

만약 "왜 그들이 우리를 미워하였을까?"라는 질문에 반응할 수 있도록, 우리 정부가 대학들과, 기자들과, 텔레비전 통신망과, 영화제작자들과, 예술가들을 초청하여 올바른 역사 이해를 위한 프로그램을 만들게 했더라면 어떻게 되었을까? 만약 그들이 중동 출신 및 여러 나라에서 온 일반 시민들과 리더들을 만나 매일매일 그들의 삶에 대한 것, 미국의 긍정적인 면과 부정적인 면에 의해 그들이 어떻게 영향을 받고 있는지, 그리고 그들이 9·11사건에 대해 어떻게 생각하고 있는지 인터뷰했다면 어떻게 되었을까?

만약 근본적인 원인들을 밝혀내는 조사와 연구를 실행함에 있어서, 우리가 미국으로부터 받는 자선행위뿐만 아니라, 미국의 정책이 얼마나 큰 해를 끼치며 미국의 정책 때문에 죽임을 당하는 사람들이 얼마나 많은지 좀 더 오랜 시간을 두고 전 세계에 있는 사람들의 반응을 볼 수 있었다면 어떻게 되었을까? 그러한 진실을 폭로하는 것이 우리가 갖고 있는 아주 단순하고 위험스럽기까지 한 선악 대립구조의 이야기들과 구원을 위한 폭력을 거부하도록 만들 수 있을까?

만약 우리 지도자들을 후원하고 격려함에 있어서, 외국을 한 번도 나가보지 못한 82%의 미국의 일반 시민들에게 미국 시민들의 삶이 다른 지역에서 사는 전 세계의 시민들의 삶과 어떻게 밀접하게 연관되어 있는지 배울 수 있도록 상호방문 프로그램, 캠프, 세미나 등을 시행하였다면 어떻게 되었을까?

만약 우리가 서로에게 "정말, 미안합니다. 다시는 이러한 정책을 사용하지 않을 것이며 여러분에게, 우리에게 그리고 그 어느 누구에게 테러가 일어나지 않도록 하겠습니다."하고 말한다면 어떻게 되었을까? 만약 풀뿌리인 일반 시민으로부터 정부에 이르기까지 우리가 전 세계의 정치, 경제적 필요와 다른 나라에 대한 우리의 잘못들을 이야기하기 시작한다면 어떻게 되었을까?

만약 테러와의 전쟁에 사용되는 돈의 일부분을 미국 내뿐만 아니라 전 세계의 의료원, 학교 및 직업 훈련 교육에 사용한다면 어떻게 되었을까?

만약 전쟁이 테러를 멈추지 못하게 한다면 어떻게 할 것인가?

만약 다른 방향을 향해 나가는 발걸음을 돌이키기에 너무 늦지 않다면 어떻게 하겠는가?

7. 그러면 우리는 어떻게 살 것인가?

지구는 너무나도 작은 행성이다. 이 행성에서 사는 우리는 그 어떤 것 보다 평화를 위해 많은 노력을 기울여야 하는, 아주 잠깐 동안 지구를 방문하고 있는 손님들이다. —코울맨 맥카시 Coleman McCarthy 94)

만약 우리가 우리 자녀들에게 좀 더 좋은 세상을 남겨주기 원한다면, 우리에게 주어진 질문은 "그러면 우리는 어떻게 살 것인가?"라는 질문에 솔직해져야 할 것이다. 다음은 이 질문에 대한 여섯 가지 제안이다.

1) 우리 자신을 리더로 인식하기

우리는 모두 작게는 한 가족의 구성원이요, 크게는 국가의 구성원으로서 나름대로 영향력을 갖고 있는 사람들이다. 우리는 다른 사람들과 함께 트라우마에 대해 대화를 시작할 수 있으며, 피해자와 폭력의 악순환이 가져다주는 폐해, 즉 트라우마를 일으키며 안전을 침해하는 폐해에 대해 교육을 시작할 수 있다. 우리는 우리 마을과 공동체 및 국가 안에서 반복되는 악순환을 선동하는 정책들에 대해 보다 담대하게 말할 수 있을 것이다.

다음에 있는 도표는 스타STAR 세미나로부터 얻어진 결과물이다. 이 도표는 우리가 함께 일했던 집단과 공동체들이 보여주었던 관심과 이러한 관심에 의해 시작된 토론들을 분석하고 설명해 놓은 것이다. 우리는 트라우마, 평화건설, 정의실현, 인류의 안전, 혹은 영적인 부분에 대해 더 깊이 다룰 수 있을 것이다. 시작이 어떠한 모습이든지 간에, 만약 우리의 목표가 건강하고 안전한 사회를 건설하기 위한 것이라면, 결국 토론은 스타STAR가 제시하는 많은 부분과 일치하게 될 것이다.

2) 최고의 이상을 갖고 살아갈 수 있도록 소속된 공동체에서 노력 하기

세계관과 가치가 충돌하는 세상에서, 종교 지도자들과 신앙이 있는 사람들에게 아주 중요한 역할이 주어져 있다. 그들은 인종 적·종교적 뜬소문 및 공격적인 태도가 어떠한 것들인지 살피고, 이러한 것들에 대항하기 위해 종교 범주를 넘어서 서로를 알 수 있어야 한다. 그러므로 신앙을 가진 사람들은, 자신들의 경전을 이용해 편협하고 공격적이고 살인마적 행위를 지지하거나 증오 를 불러일으키게 하는 종교적 전통에 도전하고 맞서야 할 책임이 있다.95)

3) 평화를 위해 필요한 대가가 무엇인지 배움으로써 트라우마 예 방하기

평화를 위해 일하는 것은 트라우마를 예방하는 지름길이다. 그 러나 우리가 폭력과 전쟁을 반대한다고 말하며 수동적으로 앉아 만 있는 것으로는 충분하지 않다. 우리는 갈등에 대해 비폭력적 으로 대응하는 장기적인 대안들과, 돌발적인 위기의 상황에 즉 각적으로 대응하는 단기적인 대안들을 만들어내야 한다. 그러기 위해서 공공의 토론을 통해 가능한 방안들이 무엇인지 분명히 하 고 배워 나가야만 한다. 이것은 우리가 현재 전쟁을 위해 지불하고 있는 대가가 얼마나 큰 것인지 연구하는 것보다 더 열정적으로 평화를 위해 필요한 대가가 무엇인지 배워야 한다는 것을 의미한다.[96]

갈등과 위협에 대해 비폭력적으로 반응하기 위해 다양한 시나리오를 준비하고 다양한 모습으로 참여해야 한다. 이러한 것은 한두 번 시행할 것이 아니라, 꾸준한 훈련을 필요로 한다. 다음은 몇 가지 예이다.

- 2004년 우크라이나에서 치러진 선거의 결과가 조작되었다는 발표가 났을 때, 활동가들은 이러한 발표로 인해 발생할지 모를 일들을 대비하기 위해 비폭력적 방법을 사용하였다. 그들은 여러 선거 사무실에 모여, 대규모 시위를 위해 음료수, 담요 및 여러 필요한 물품들을 충분히 준비하였다.
- 2003년 미국이 주도한 이라크 전쟁을 위한 병력 증강에 대해, 미국 워싱턴D.C.의 기독교 단체인 **소저너스**Sojourners 공동체는 사담 후세인을 비폭력적으로 패배시킬 수 있는 열 가지 계획을 제시하였다. 그들은 그 열 가지 계획을 인쇄하여 교회 주보사이에 끼어 넣도록 함과 동시에, 교회 웹사이트에 올리고 공적인 장소에서 낭독할 수 있도록 준비하였다. 물론 그렇게 하는 것이 전쟁을 멈추게 할 수는 없었다. 그러나 이것은 어려운 상황에 직면할 때, 목숨을 걸든지 아니면 무관심하든지 양자택일의 삶을 살아 왔던 일반 시민들

에게 또 다른 대안이 있다는 것을 자각하게 하게 만들어 주었다.

우리는 '보다 더 강력한 힘'을 사용하기보다 폭력에 대해 회복적으로 반응하는 그룹들을 점점 더 많이 볼 수 있게 되었다.97) 위의 대안들은 사회 변화, 사회적 방어 혹은 제3자에 의한 중재 등을 통해 비폭력으로 행동하는 사례들이다.98) 이러한 예들은 아주 많다. 2000년 독재자 밀로세빅Milosevic 체제를 전복시킨 수천 명의 세르비아인들의 비폭력 운동은 또 하나의 예라 할 수 있다. 자기 이웃에 위치한 마약 판매가 성행하는 장소에 들어가 건강한 공동체를 이루며 삶으로써 마약이 통용되지 못하도록 한 예도 있다. 독재자 마르코스Marcos 집권 말기 필리핀에서 일어난 전쟁에서 양쪽 군대가 대치한 상황 한복판에 과감히 서 있었던 수많은 일반 시민들이 99) 또 다른 예이다.

4) 개인적은 물론 공동체적 · 구조적인 차원의 노력을 함께 실현하기

치유와 평화는 개인적으로뿐만 아니라 공동체적으로도 일어나야만 한다. 우리 자신의 삶과 경험 속의 트라우마 치유를 다시 다뤄야 할 때, 개인적 차원에서 우리는 우리 자신의 강함과 약함을 분명히 인식하면서 치유자로서 세상으로 나아갈 수 있어야 한다.

그러나 우리가 만약 한 사람 한 사람의 마음과 생각의 변화만이 세상에 가치 있는 유일한 일로 여긴다면, 현재 고통을 받고 있는 수백만의 사람들을 무시하는 위험한 결과를 가져올 수 있다. 당신 자신을 굶주린 상태에 잠들어 있는 자녀를 바라보는 난민 캠프의 한 부모라고 상상해 보라. 거기에서 어떤 사람이 변화는 당신에게 공포를 가져다준 사람들을 설득시키고, 그들의 마음을 부드럽게 하고, 그들을 바꿀 때에 일어나는 것이라 말한다고 상상해 보라.

마틴 루터 킹Martin Luther King Jr.은 법이 나로 하여금 그 사람을 사랑하게 만들 수는 없지만, 적어도 법이 그 사람으로 하여금 나를 때릴 수 없도록 만들 수는 있다고 했다. 개인적이며 사회 · 구조적인 것은 서로 밀접하게 연결되어 있다. 한 사람에게만 관심을 갖고 그 사람만을 위해 일하는 것만으로는 충분하지 않다. 개인적인 차원과 공동체적인 차원, 동시에 일하는 것이 실제적이며, 영적이다. 이 두 차원은 서로 존중되어야 하며 동시에 시행되어야 한다.

5) 정보 받기

어디에 있든 상관없이 모든 사람들에게 상황을 알린다는 것은 참으로 중요하다. 특별히 미국 사람들은 이 말을 꼭 들어야 한다.

런던에 위치한 영국 공영 방송BBC 뉴스 진행자는 워싱턴에 있는 통신원에게 왜 그렇게 많은 미국 사람들이 세계의 다른 지역에서 불편해하고 별로 좋아하지 않는 경찰을 후원하는지 질문한 적이 있다. 그 통신원은 "미국이 아주 위험스러우리만큼 소외되어 있기 때문"이라고 보고하였다.100)

소외되었다는 것은 무슨 의미인가? 지구 전 세계로부터 오는 뉴스와 정보를 접하는 데 있어 전례 없는 시대에 살고 있으면서 소외라니 무슨 말인가? 그러나 미국의 주류 방송에서 내보내는 뉴스는 사실이나 본질에 접근하는 모습이라기보다는 흥미위주와 특정한 시각의 의견 중심이라는 사실이다. 서양 민주주의를 방영하는 것에 비해 국제 뉴스의 방영 분량은 매우 적다. 예를 들어, 씨엔엔CNN에서 방송되는 국제 뉴스와 미국 내 뉴스를 비교해 보자. 국제적인 이야기들과 관점들은 미국의 인기를 구가하는 이미지들과는 잘 어울리지 않고, 선행과 자선은 '좌익' leftist이나 '자유진영' liberal으로 분류되거나 아예 방송되지 않는다. 여러 나라들로부터 들려오는 미국에 대한 비판의 소리들은 '시기심'에서 비롯된 것으로 간단히 처리된다. 9·11사건이 발생했을 때, "왜 그들이 우리를 증오하는가?"라는 질문은 아주 중요한 질문이며, 진심에서 우러나온 질문이라는 데 대해 전혀 의심할 바가 못 된다.

스타 프로그램을 배우기 위해 다른 나라에서 온 참가자들은 미국 선거에서 자신들이 투표를 할 수 있어야 한다고 주장한다. 왜 그런가? 그것은 자기 나라의 정치, 자신들의 트라우마 그리고 자신들의 미래가 미국의 외국 정책과 엄청나게 얽혀 있고 엄청나게 영향을 받기 때문이다. 그러나 많은 미국 시민들은 백악관에서 집권하는 당이 어느 당이든지 상관없이 전 세계에 미국의 치부를 알리는 정치를 하는 것에 대해 두려워하고 있다.

정보는 힘이다. 성공적인 민주주의는 잘 교육받은 국민을 의지한다. 영국공영방송BBC 기자는 이러한 점에서 미국의 상황을 올바르게 보도하였다. 정말로 미국에 있는 수많은 사람들은 자신들의 자유로운 선택에 의해 소외되어 있고 고립되어 있다.

6) 우리가 혼자가 아니라는 사실을 기억하기

위협이 존재함에도 행동을 올바로 함으로써 파괴적인 악순환을 끊는 것은 가장 깊은 영적인 행동이다. 이것은 고독한 여정이 아니다. 우리는 새로운 방식으로 말하고, 듣고, 행동하는 것을 통해, 같은 마음을 가진 사람들이 사는 수많은 공동체들과 연결될 필요가 있다. 어둠이 빛을 이기지 못한다고 약속한 생명의 근원the Source of Life과 함께 오랜 여정을 위한 생명력을 발견해야 한다. 치유와 생명을 불어넣는 삶에 헌신하는 것은 혼자 걷는 길이

아니며, 두려움을 넘어서 평화를 통해 이루어나갈 수 있는 것이
다.

그러면 우리는 어떻게 살 것인가?

오늘부터 우리는 삶을 어떻게 살아야 하는가?

부록: 악순환에서 벗어나기 위한
중요한 요소들

1. 안전을 점검하는 일은 매우 중요하다. 신체적 안전이 보장되지 않을 때, 다음과 같은 다른 요소들을 점검해야 할 것이다.

   • 위협에도 불구하고 올바로 행동하기로 결정함

   • 심리적, 정신적 기준을 훈련함

   • 다른 사람들의 후원

   • 사려 깊은 리더들

2. 인정認定은 트라우마 경험 이후 성장에 기초가 될 수 있다.

   자기 자신을 향한 인정에는 다음과 같은 사항을 포함한다.

   • 슬픔과 애도

   • 이야기로 표현하기

   • 트라우마 경험 이후 에너지를 어떻게 사용할 것인가 '다시 확인'하는 연습

   • 공포를 구체적으로 규정하기

   • 영광뿐만 아니라 수치심을 표현하고, 강점뿐만 아니라 실패

를 표현하기

다른 사람을 향한 인정에는 다음과 같은 사항을 포함한다.

- 원인들을 이해하려는 노력 "왜 그들에게?"라는 질문에 대답하기
- 다른 사람들의 입장에서 우리를 보듯이 우리 자신을 보고자 하는 노력
- 다른 사람을 비인간화하고 악마로 만들고자 하는 충동에 대한 저항

3. **인간으로서 우리 자신과 다른 사람들을 다시 연결하고자 하는 노력이 그 다음에 걸어야 할 단계들이다. 이러한 단계는 다음과 같은 사항을 포함한다.**

- 모두가 연결되어 있고 관련되어 있다는 감각
- '다른other' 사람과 연결을 하고자 기꺼이 위험을 감수하는 태도
- 용서에 대한 가능성
- 치유와 회복을 위한 정의 실현
- 궁극적 화해에 대한 개방성

미주

1) *See Why Marriages Succeed or Fail* (New York: Simon and Schuster, 1944) pp. 176~77.

2) 원래 모델은 올가 보차로바(Olga Botcharova)의 모델임. "Implementation of Track Two Diplomacy" in *Forgiveness and Reconciliation*, eds. Raymond G. Helmick and Rodney L. Petersen (Radnor, PA: Templeton Foundation Press, 2001)

3) William G. Cunningham, "Terrorism Definitions and Typologies" in Terrorism: Concepts, Causes, and Conflict Resolution p. 9 George Mason University.

See http://www.au.af.mil/au/awc/awcgate/dtra/terrorism_concepts.pdf

4) John Lancaster, "In Sri Lanka, A Frustrating Limbo: Rules Leave Tsunami Survivors Unable to Rebuild Lives," *The Washington Post*, March 8. 2005, p1

5) 이 책 전체에 걸쳐 나타난 사람과 이야기는 내가 방글라데시와 케냐에서 알게 된 사람들을 재구성한 지나(Jinnah)와 후의 카드주(Kadzu)의 이야기를 제외하고는 모두 실화이다.

6) Derek Summerfield, "Addressing Human Response to War and Atrocity," in Beyond Trauma: Cultural and Societal Dynamics, eds. Rolf J. Kebler, Charles R. Figley, Berthold P.R. Gersons (New York: Plenum Press, 1995) pp. 19~20.

7) See "Living and Surviving in a Multiply Wounded Country" at http://www.uni-klu.ac.at/~hstockha/neu/html/cabreracrz.htm

8) See Summerfield, "Addressing Human Response" p. 12.

9) For quote from Maria Yellow Horse Brave Heart, see Edna Steinman, "Native Americans Suffer from 'Historical Trauma' Researcher Says, "in United Methodist News Service, July 27, 2005, at http://umns.umc.org

10) See *Perpetration-Induced Traumatic Stress: The Psychological Consequence of Killing* (Westport, CT: Praeger Publisher, 2002). 맥 네이어(MacNair)는 '범죄에 의한 트라우마 스트레스 (perpetration-induced traumatic stress)' 라는 용어를 사용했지만, 특히 직무에 의해 해를 입었을 경우 나는 그것을 '참여에 의한 트라우마 스트레스(participation-induced traumatic stress)'라고 부르고 있다.

11) 로스앤젤레스의 캘리포니아 대학에서 시행한 한 연구는 여성들이 스트레스를 받을 경우 옥시토신(oxytocine)이라는 여성

호르몬이 생성된다는 사실을 제안하였다. 이 호르몬은 자녀들을 돌보거나 다른 여성들을 향해 싸우거나 도망가는 상황보다 친절하고 돌보는 상황을 만들도록 돕는다. See S.E. Taylor, et al., "Female Responses to Stress: Tend and Befriend, Not Fight or Flight," in *Psychological Review* 107, no. 3 (2000): 411-29.

12) See Peter A. Levine with Ann Frederick, *Waking the Tiger - Healing Trauma: The Innate Capacity to Transform Overwhelming Experiences* (Berkeley: North Atlantic Books, 1997) pp.19-39.

13) ibid.

14) See Daniel J. Siegel, *"The Brain in the Palm of Your Hand,"* in Psychotherapy Networker 26 (September/October 2002): 33.

15) Siegel describes this in "An Interpersonal Neurobiology of Psychotherapy" in *Healing Trauma: Attachment, Mind, Body, and Brain*, eds. Marion F. Solomon and Daniel J. Siegel (New York: W.W Norton and Co., 2003) p. 22. See also Siegel and Mary Hartzell, *Parenting From the Inside Out: How a Deeper Self-Understanding Can Help You Raise Children Who Thrive* (New York: Penguin, 2003) p.174.

16) Ibid.

17) Howard Zehr, *Transcending: Reflections of Crime Victims* (Inter-course, PA: Good Books, 2001) pp. 186-197.

18) See Kebler, Pigley, and Gersons in the Epilogue to *Beyond Trauma*, p. 302.

19) See *Trauma and Recovery* (New York: Basic Books, 1992) p. 158.

20) See Cabrera at http://www.uni-klu.ac.at/~hstockha/neu/html/cabreracruz.htm.

21) See "Training to Help Traumatized Populations," United States Institute of Peace, *Special Report* 79, at www.usip.org/pubs/specialreports/sr79.html.

22) Ibid.

23) Ibid.

24) Ibid. See also Vamik Volkan, *Blind Trust: Large Groups and Their Leaders in Times of Crisis and Terror* (Charlottesville. VA: Pitchstone publishing1 2004).

25) See *Forgive for Good* (San Francisco: HarperCollins, 2002).

26) See *Diagnostic and Statistical Manual of Mental Disorders*, 4th ed.(Washington DC: American Psychiatric Association,

1994).

27) See Levine, *Waking the Tiger*, p.176.

28) Cabrera at http://www.uni-klu.ac.at/~hstockha/neu/html/
cabreracruz.htm.

29) See Vamik Volkan in the Foreword to Cyprus: War and Ad-
aptation: A Psychoanalytic History of Two Ethnic Groups in
Conflict (Charlottesville, VA: University of Virginia Press,
1979), pp ixx-xxi.

30) Ibid.

31) See des Koff, *The Bone Woman: A Forensic Anthropologist's
Search for Truth in the Mass Graves of Rwanda, Bosnia,
Croatia, and Kosovo* (New York: Random 2004). 코프(Koff)
는 크로아티아의 한 지역에 대규모로 학살된 시체를 발굴하도
록 데모한 이산가족 집단들을 대변하고 있다. 그들은 자신들
이 사랑하는 사람들이 살아 있기를 바라면서도 혹시 그들의 시
체가 그곳에서 발견될까봐 두려워하고 있다.

32) See *Ambiguous Loss: Learning to Live with Unresolved Grief*
(Cambridge, MA: Harvard University Press, 1999).

33) 가해자 주기도표와 이에 대한 토론은 Enemy System Theory,
Human Need Theory 와 the Vamik Volkan, Joseph Montville,

Walter Wink, John B. Mack, Olga Botcharova, and others의 글을 기초로 하고 있다.

34) See "Post Traumatic States: Beyond Individual PTSD in Societies Ravaged by Ethnic Conflict" in *Psychosocial Healing: A Guide for practitioners*, eds. Paula Gutlove and Gordon Thompson (Cambridge, MA: Institute for Resource and Security Studies, 2003) p. 81.

35) See "Forgiveness in Conflict Resolution: Reality anti Utility, The Northern Ireland Experience?(paper presented at the Woodstock Theological Center Colloquium at Georgetown University, June 18, 1997) p,54.

36) See Botcharova, "Implementation of Track Wo Diplomacy"p. 293.

37) See Walter Wink, *The Powers That Be: Theology for a New Millenium* (New York: Galilee, 1998) p. 91.

38) See Lam Oryen Cosmas, "Breaking the Cycle of Violence" in Mennonite Central Committee Peace Office Newsletter 34 (April − June 2004).

39) See *Violence Unveiled: Humanity at the Crossroads* (New York: Crossroad, 1995).

40) Volkan quoted in "Blind Trust — Author: Leaders' Actions in Crisis Impel Conflict, Peace" by Betty Booker, *Richmond Dispatch*, October 4, 2004, p E. See also Vamik Volkan, *Blind Trust: Large Groups and Their Leaders in Times of Crisis and Terror* (Charlottesville, VA: Pitchstone Publishing, 2004).

41) Ibid.

42) See http://www.imtd.org

43) See Volkan, "Post Traumatic States."

44) From a sermon preached at Cathedral of St. John the Divine, New York City, May 5, 2002. See http://www.healingofmemoires.co.za

45) See Gutlove and Thompson, *Psychosocial Healing*.

46) Judith Lewis Herman은 『트라우마와 회복(*Trauma and Recovery*)』에서 안전(safety), 기억 (remembering), 애통(mourning) 및 재연결(reconnection)이라는 개념을 사용하였다. Gutlove and Thompson은 『심리사회학적 치유 (*Psychosocial Healing*)』에서 안전 (safety), 인정 (acknowledgement), 재연결 (reconnection)이라는 개념을 사용하였다.

47) See Howard Zehr, *The Little Book of Restorative Justice* (Intercourse, PA: Good Books, 2002) and Lisa Schirch, *The*

Little Book of Strategic Peacebuilding (Intercourse, PA: Good Books, 2004).

48) 이전 유고슬라비아에 대한 연구는 신체적, 심리적 안전 공간을 제공하기 위해 새로운 사람을 만나고 이전의 사회적 접촉을 다시금 시도하는 것이 그 어떤 심리적 중재나 치료보다 큰 도움이 된다는 점을 보여주었다. See Gutlove and Thompson, *Psychosocial Healing*, p 14.

49) See *Man's Search for Meaning* (New York: Pocket Books, 1997).

50) See Botcharova, "Implementation of Track Two Diplomacy" pp.295-296.

51) 우리가 기꺼이 죽을 수 있다고 생각하는 그 원인들은 우리가 기꺼이 사람을 살해할 수도 있다는 원인이 되기도 한다. 이곳에서 우리가 말하고자 하는 것은 살인의 동기가 아닌 기꺼이 죽을 수 있다고 여기는 이유들에 대하여 말하는 것이다.

52) Mary Anderson and colleagues at Collaborative Development Associates (www.cdanic.com) are looking at case studies of communities that prevent violence under conditions that often create violence. Marshall Wallace writes about it in *Global Future*, First Quarter 2005 at (www.golobalfutureonline.org)

53) See Herbert Benson and Miriam Klipper, *The Relaxation Response* (New York: HarperTorch 1976).

54) See "Night Commuters and Soccer in Soroti" in Mennonite Central Committee *Peace Office Newsletter 34* (April-June 2004)

55) Volkan quoted in "Blind Trust···Leader's Actions" p E. See also Volkan, *Blind Trust: Large Groups and Their Leaders*.

56) See Trauma and Recovery, p. 176.

57) See Waking the Tiger, p 188.

58) See "Emotional First Aid," www.traumahealing.com

59) See www.emdr.com

60) See www.thoughfield.com

61) See www.traumahealing.com

62) See http://www.uni-klu.ac.at/~hstockha/neu/html/cabrera-cruz.htm

63) See "Forgiveness in Conflict Resolution: Reality and Utility, The Bosnian Experience," (paper presented at the Woodstock Theological Center Colloquium at Georgetown University, October 24, 1997) p. 90.

64) See Botcharova, "Implementation of Track Two Diplomacy"

p. 299.

65) See Michael Lapsley sermon, http://www.healingofmemories.co.za

66) See "Forgiveness in Conflict Resolution: The Bosnian Experience," p. 82.

67) See Patricia Mathes Cane, *Trauma Healing and Transformation: Awakening a New Heart with Body, Mind, Spirit Practices* (Watsonville, CA: Capacitar, Inc., 2000).

68) Ibid.

69) See Botcharova, "Implementation of Track Two Diplomacy" p. 300.

70) Telephone Conversation with Bessel A. van der Kolk, February 23, 2005.

71) See www.peacefultomorrows.org

72) "Traumawise" is a term coined by Barry Hart, Center for Justice and Peacebuilding, Eastern Mennonite University to mark the wisdom that can emerge" from trauma healing and transformation.

73) See "Forgiveness in Conflict Resolution: The Northern Ireland Experience," p.54.

74) See Gutlove and Thompson, *Psychosocial Healing*, for how to structure such meetings.

75) See Bessel A. van der Kolk, "Traumatic Stress Disorder and the Nature of Trauma" in Healing Trauma: Attachment, Mind, Body, and Brain, eds. Solomon and Siegel, p.188.

76) See "Forgiveness in Conflict Resolution: The Northern Ireland Experience," p. 69.

77) See Leviner, *Waking the Tiger*, p. 194.

78) See Botcharova, "Implementation of Track Two Diplomacy" p. 90-92.

79) See "Forgiveness in Conflict Resolution: The Northern Ireland Experience," pp 5-6.

80) Ibid. p. 28.

81) Ibid. p. 2.

82) Ibid. p.83.

83) Attributed to Berthold Brecht and quoted by Anthony Cary in "Forgiveness in Conflict Resolution: The Northern Ireland Experience," p. 28

84) For more information see Zehr, *Restorative Justice*.

85) Ibid.

86) Adapted from Zehr, *Restorative Justice*, and from an exercise designed by David Dyck who, in turn, drew from Chris Freeman

87) See "Denial, Acknowledgment, and Peacebuilding through Reconciliatory Justice," Te Matahaariki Research Institute at http://lianz.waikato.ac.nz/publications-working.htm

88) 윌마 (Wilma)의 딸이 살해당한 후, 그녀는 피해자들을 대변하는 일을 시작하였다. See *Zehr Transcending*.

89) See "Forgiveness in Conflict Resolution: The Northern Ireland Experience?" P. 82.

90) See Miroslov Volf, "Forgiveness Reconciliation, and Justice," in *Forgiveness and Reconciliation*, p. 39.

91) 인생의 어려운 상황과 관련된 "만약 (What-if)"이라는 일련의 질문들을 던지고 이를 비폭력적으로 사용할 수 있도록 준비해 준 월터 윙크 (Walter Wink)에게 감사를 표한다. See. chapter 8 in *The Powers That Be*.

92) See Jayne Seminare Docherty and Lisa Schirch of Eastern Mennonite University's Conflict Transformation Center, "A Long-Term Strategy for American Security" available at www.emu.edu/stp. 이 논문은 "그러면 9 · 11사건에 대하여

평화건설자들이 할 수 있는 일은 무엇인가?"라는 질문에 답하기 위해 2001년 가을에 쓰였다. 이 논문은 단기 전략, 중기 (10년) 전략, 장기 (50년) 전략이 포함되어있다.

93) 모한다스 간디(Mohandas Gandhi)는 1930년 인도 독립운동을 위한 다음 행보가 무엇인지 결정하기 위해 9개월 동안, '협의된 명상(concerted meditation)'에 들어갔다. 이 기간 동안의 기도와 명상을 통해 소금 행진(Salt March)에 대한 비전이 모습을 드러내게 되었다. See Ken Butigan, "Spiritual Practice in the Time of War," in *The Wolf*, the newsletter of *Pace a Bene*, Fall 2004. See www.paceegne.org.

94) See *I'd Rather Teach Peace* (New York: Orbis Books, 2002).

95) See Joseph G. Bock, *Sharpening Conflict Management: Religious Leadership and the Double-Edged Sword* (Westport, CN: Praeger Press, 2001) p. 97

96) For trainings and resources see Lisa Schirch, Selected Readings in *Strategic Peacebuilding*.

97) See Peter Ackerman and Jack Duvall, *A Force More Powerful: A Century of Nonviolent Conflict* (New York: St. Martin's Press, 2000) or the videos by the same name, written and produced by Steve York, a production of York and Zimmerman

Inc. and WETA WashingtonD.C.

98) See "Pushing Our Thinking About People Power: How the Differences Among Applications of Nonviolent Action Make Better Strategies Possible," by George Lakey in *ZNet*, April and May 2002. See www.zmag.org.

99) 코울맨 맥카시(Coleman McCarthy)는 비폭력, 평화주의 및 갈등 관리에 대한 과정을 고등학교와 대학교에 개설했고, 이 분야에 대해 20년이 넘게 가르쳐 왔다. See *I'd Rather mach Peace and All One Peace: Essays on Non-violence* (New Jersey: Rutgers University Press, 1994).

100) On *News Hour*, British Broadcasting Company, Nov. 3, 2004.

추천도서

Fisher, Simon. *Working With Conflict: Skills and Strategies for Action.* (London: Zed Books, 2000).

Gutlove, Paula and Gordon Thompson, eds. *Psychosocial Healing: A Guide for Practitioners.* Cambridge MA: Institute for Resource and Security Studies, 2003).

Herman, Judith Lewis. *Trauma and Recovery.* (New York: Basic Books, 1992).

Kleber, Rolf J., Charles R. Figley, and Berthold P.R. Gersons, eds. *Beyond Trauma: Cultural and Societal Dynamics.* (New York: Plenum Press, 1995).

Levine, Peter A. with Ann Frederick. *Waking the Tiger - Healing Trauma: The innate Capacity to Transform Overwhelming Experiences.* (Berkeley, CA: North Atlantic Books, 1997).

MacNair, Rachel M. *Perpetration-Induced Traumatic Stress: The Psychological Consequences of Killing.* (Westport, CT: Praeger Publishers, 2002).

Schirch, Lisa. *The Little Book of Strategic Peacebuilding.* (Intercourse PA: Good Books 2004).

Von Tongeren, Paul. *People Building Peace II: Successful Stories of Civil Society.* (Colorado: Lynne Rienner Publishers, 2005).

Zehr, Howard. Changing Lenses: *A New Focus for Crime and Justice.* Third Edition. (Scottsdale: PA: Herald, 2005).

Zehr, Howard. *The Little Book of Restorative Justice.* (Intercourse, PA: Good Books, 2002).

▣ 정의와 평화 실천 시리즈